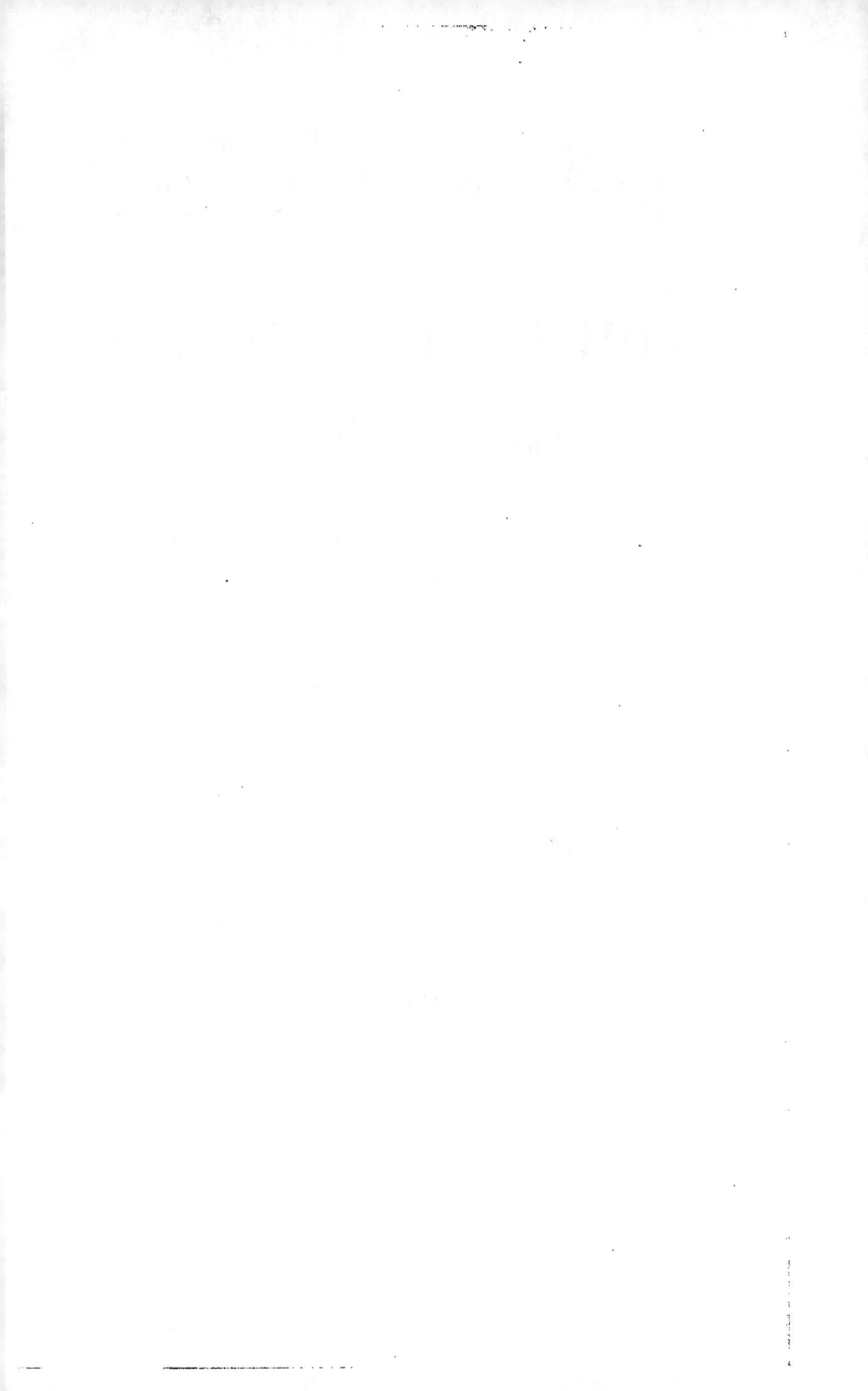

UNIVERSITÉ DE PARIS — FACULTÉ DE DROIT

LE
DROIT DES GENS MARIÉS

DANS

LA COUTUME DU DUCHÉ DE BOURGOGNE

THÈSE POUR LE DOCTORAT

présentée et soutenue

le Lundi 17 Décembre 1900, à 2 heures 1 2

PAR

Henri ROBIN

AVOCAT A LA COUR D'APPEL

Président : M. LEFÉBVRE.

Suffragants : { MM. LESEUR. *professeur.*
Ambroise COLIN. *agrégé.*

PARIS

LIBRAIRIE NOUVELLE DE DROIT ET DE JURISPRUDENCE

ARTHUR ROUSSEAU

ÉDITEUR

14, rue Soufflot, et rue Toullier, 13

1900

THÈSE

POUR LE

DOCTORAT

3980

UNIVERSITÉ DE PARIS — FACULTÉ DE DROIT

LE
DROIT DES GENS MARIÉS

DANS

LA COUTUME DU DUCHÉ DE BOURGOGNE

THÈSE POUR LE DOCTORAT

L'ACTE PUBLIC SUR LES MATIÈRES CI-APRÈS

Sera soutenu le Lundi 17 Décembre 1900, à 2 heures 1/2

PAR

Henri ROBIN

AVOCAT A LA COUR D'APPEL

Président : M. LEFÉBVRE.

Suffragants : { MM. LESEUR, *professeur.*
{ AMBROISE COLIN, *agrégé.*

PARIS
LIBRAIRIE NOUVELLE DE DROIT ET DE JURISPRUDENCE
ARTHUR ROUSSEAU
ÉDITEUR
14, rue Soufflot, et rue Toullier, 13

1900

AVANT-PROPOS

« Le droit matrimonial apparaît, sans conteste, la
« plus belle partie de notre ancien droit français, sa
« création la plus précieuse et la plus durable. Il a cet
« avantage de n'être pas exclusivement juridique, de
« se lier de près à tout l'ensemble de notre histoire et
« de faire ressortir mieux que tout autre le rapport
« intime des mœurs et des croyances avec le droit (1). »

C'est dans le but d'étudier les institutions de ce
droit matrimonial dans l'ancien duché de Bourgogne
que nous avons entrepris ce travail. Nous n'avons pas
voulu faire œuvre historique. Pour approfondir un
point d'histoire du droit comme celui que nous avons
traité, il nous aurait fallu des connaissances générales
sur notre ancien droit que, seules, de longues études
spéciales auraient pu nous donner. Nous nous sommes
bornés à indiquer les particularités propres aux coutumes de notre vieille provinces en les comparant avec le
droit commun coutumier du royaume, et à rechercher
quelles furent les origines probables et les phases suc-

(1) *Introduction à l'histoire du droit matrimonial français.*
Lefebvre, Paris, 1900.

R. 1

cessives par lesquelles ont dû passer en se transformant, avant d'arriver à leur état de perfection, les institutions du droit des gens mariés dans une région importante de l'ancienne France.

Dans un titre préliminaire, nous nous trouverons au VIe siècle, quelques années seulement après les grandes invasions, en face de deux législations distinctes auxquelles sont soumis deux peuples différents dans le même royaume de Burgondie : la législation romaine des derniers siècles de l'Empire et la législation barbare unifiée par le roi Gondebaud et ses successeurs immédiats. Sans nous arrêter au droit matrimonial du Bas-Empire, dont nous constaterons plus tard l'influence renaissante à partir du XIIIe siècle, nous relèverons les décisions originales des lois burgondes sur le sujet qui nous occupe.

L'état juridique du futur duché de Bourgogne ainsi déterminé à ses origines, nous rechercherons, dans un titre Ier, ce qui put subsister des institutions barbares et romaines pendant la tourmente féodale, du VIIIe au IXe siècle, et nous assisterons à la formation et au développement lent, mais non interrompu, sous des influences multiples et souvent contraires, des institutions du droit des gens mariés que nous étudierons sous un titre II, dans le dernier état de la législation coutumière.

TITRE PRÉLIMINAIRE

LA CONDITION DES ÉPOUX DANS LES LOIS BURGONDES

———

Plus de quarante ans avant Justinien, une de ces lois désignées sous le nom de « leges barbarorum », la « lex barbara Burgundionum » organise la famille dans une région des Gaules selon l'ordre de la nature. Il est intéressant de constater ce fait.

Le droit romain primitif qui prenait pour base de ses institutions les nécessités politiques, avait posé le principe de la prééminence de la famille civile sur la famille naturelle. Il aboutissait ainsi à des conséquences particulièrement choquantes, dont l'exclusion des enfants émancipés de la succession de leur père à laquelle étaient admis les enfants adoptifs se trouvait être une des moindres. Le Préteur, d'abord, les Constitutions Impériales ensuite avaient cherché à amoindrir l'importance de ces antiques liens d'agnation et de gentilité pour donner plus de place aux liens du sang et des affections naturelles. Mais ce n'est que sous Justinien que nous trouvons la famille véritablement établie sur ses données naturelles, dans la législation civile, par la publication des recueils

composés sur l'ordre de ce prince, dont le premier, le
« Code », date de l'année 529.

La « lex barbara Bugundionum » est des dernières
années du V⁰ siècle ou des premières du VI⁰.

Comme son nom l'indique, cette loi était destinée à
l'une des nombreuses peuplades que le flot des invasions avait rejetées sur notre pays et qui commençaient,
à cette époque, à se tailler chacune leur part dans
les territoires de l'ancienne Préfecture des Gaules de
l'empire romain d'Occident définitivement disloqué en
476, celle des Burgondes.

Originaires de Germanie, où Pline nous les montre
vaguement au premier siècle, peut-être même de Scan-
dinavie, les Burgondes occupaient au IV⁰ siècle la région du Mein. Ce fut de là qu'ils partirent lorsque les
Vandales, les Alains et les Suèves se jetèrent sur les
Gaules, en les entraînant à leur suite. Ils s'arrêtèrent
sur les bords du Rhin, près de Worms, dans la Première
Germanie et obtinrent la reconnaissance de leurs établissements par l'empereur Honorius, heureux d'opposer aux invasions de plus en plus menaçantes et dange-
reuses des peuples germains, un peuple, germain lui-
même, qui allait combattre sous ses drapeaux pour la
défense de ses provinces déjà fortement entamées. Ce
fut à cette époque que, les premiers des barbares, ils
embrassèrent le christianisme, la religion arienne. Mais
l'éternelle poussée des peuples de l'est à l'ouest devait
leur faire franchir les frontières romaines. Ils tentèrent
de pénétrer plus avant du côté de la Première Belgique.

De « milites romani », d' « auxiliarii », cette incursion les fit traiter comme rebelles par le gouvernement impérial. Battus dans plusieurs rencontres par Aétius de 435 à 437, ils abandonnèrent leurs projets de s'étendre vers la Meuse, demandèrent la paix et obtinrent du vainqueur de s'établir dans la « Sapendia » (Savoie). Redevenus pour toujours « auxiliarii », nous les retrouvons aux côtés des légions romaines aux champs Catalauniques, et plus tard contre les Suèves et les Visigoths.

L'empire tombé, les Burgondes restèrent les maîtres d'une vaste contrée dont ils constituaient désormais les uniques défenseurs ; et les Gallo-Romains abandonnés de Rome se livrèrent entièrement à ces étrangers auxquels ils concédèrent une partie de leurs terres en échange de la protection qui leur était assurée. Leurs établissements, toujours limités sous la domination romaine, se multiplièrent rapidement dans le Sud-Est des Gaules, et, sous les plus illustres de leurs rois, Gondicaire et Gondebaud son fils, ils occupaient tous les pays des Vosges à la Durance et de l'Helvétie aux Cévennes. Ils étaient, à cette époque, définitivement installés dans cette région à laquelle ils laissèrent le nom de pays des Burgondes, de « Burgondie » ou « Bourgogne » (1).

(1) Un concile national convoqué en 517 à Epône (aujourd'hui Yenne dans le Bugey) par Sigismond, fils et successeur de Gondebaud, et où assistèrent vingt-sept évêques, nous permet de reconnaître l'étendue qu'avait alors le royaume de Bourgogne. Voici les noms des évêchés mentionnés : Moutiers en Tarentaise, Octodurum, Embrun,

Ce fut alors que se fit de plus en plus sentir le besoin d'une législation écrite pour ce peuple chrétien, le plus policé et le plus doux des peuples d'origine barbare, qui ne voulait pas abandonner ses anciennes coutumes pour se soumettre aux lois des nombreux Gallo-Romains que les invasions et les guerres sans fin de cette époque troublée n'avaient pas empêché de rester fidèles à la législation impériale. Les rois burgondes, pendant les migrations successives de leur peuple, avaient établi déjà plusieurs règles suivies et appliquées lorsque Gondebaud obtint la couronne à la mort de son père. Ce prince éclairé, que Grégoire de Tours nous représente, malgré ses crimes odieux sur les membres de sa famille, comme ami de la justice, veillant aux intérêts de son peuple et protégeant les habitants indigènes en but aux vexations que parfois les guerriers burgondes leur faisaient subir, résolut de réunir toutes ces constitutions éparses (1). Il les fit rédiger en un seul tout auquel les érudits du Moyen-Age donnèrent le nom de « lex gundebada ».

Il est difficile de préciser la date exacte de cette rédaction. La plupart des dispositions qui s'y trouvent

Vienne, Grenoble, Valence, Genève, Cavaillon, Avignon, Vaise, Carpentras, Orange, Die, Saint-Paul-Trois-Châteaux, Viviers, Sisteron, Apt, Gap, Lyon, Mâcon, Langres, Châlons-sur-Saône, Nevers, Besançon, Avenches, Windisch, Belley (d'après Valentin Smith sur la loi Gombette). — Cf. Courtépée, *Description du duché de Bourgogne*, tome I, p. 67 et suiv.

(1) « Burgundionibus leges mitiores instituit ne Romanos opprimerent. »

sont certainement antérieures à Gondebaud, et, par con-
séquent, de la fin du cinquième siècle. Valentin Smith, un
savant magistrat qui consacra une partie de sa vie à l'é-
tude des manuscrits de cette loi, nous dit qu'elle constitue
le premier recueil des institutions barbares. Elle serait,
d'après lui, dans sa majeure partie, antérieure à la loi
Salique elle-même et au règne de Clovis. La rédaction
qui nous a été transmise n'en serait donc pas le texte
primitif, mais bien une édition nouvelle, faite sous Gondebaud, refaite à nouveau sous Sigismond son fils, et à
laquelle on fit snbir, chaque fois, des modifications
nombreuses, en ajoutant aux dispositions premières
quelques constitutions plus récentes de ces princes.

Quoiqu'il en soit, on peut établir d'une façon assez
précise que, des cent dix-neuf titres qui nous sont parvenus, les quarante-cinq premiers ont été réunis et codi-
fiés sous le consultat d'Aviénus en 501, c'est-à-dire sous
le règne de Gondebaud (1), et les autres, sous le règne
de Sigismond, vers 517 (2).

Dans les manuscrits des IXᵉ et Xᵉ siècles qui nous l'ont
tranmise, à la suite de la « lex barbara Burgundionum »
nous trouvons un autre ensemble de titres connu sous le
nom de « Papianus », le Papien, et regardé longtemps
comme le commentaire d'un jurisconsulte de cette époque. Les travaux des savants modernes ont corrigé cette
erreur, en établissant qu'il ne fallait voir autre chose,

(1) Titre XLII.
(2) Titre LII.

dans ce texte, que la loi promise par Gondebaud à ses sujets romains et rédigée peut-être sur son ordre, plus vraisemblablement sous le règne des princes ses successeurs. Cette « lex romana Burgundionum », à laquelle il est impossible de fixer une date approximative, suit, dans sa rédaction, l'ordre des titres de la « lex barbara », et, tout en comprenant quelques constitutions originales des rois burgondes spéciales à leurs sujets gallo-romains, est constituée dans sa majeure partie par une suite d'extraits des « Sentences de Paul », du « Code Théodosien » et des « Institutes de Gaïus ».

De toutes les « leges barbarorum » des peuples de l'ancienne Germanie, aucune plus que la loi Gombette ne nous montre mieux l'organisation de la famille et du mariage à cette époque reculée. Quelques-uns des principes posés par elle, développés sous l'influence du christianisme dès le VIe siècle et des études juridiques des lois romaines au XIIIe, ont traversé les siècles pour laisser leur empreinte dans nos lois modernes.

Notre puissance paternelle qui est bien moins un droit du père qu'une sorte particulière de tutelle fondée, comme les autres, sur l'intérêt de l'enfant, nous vient des mœurs germaniques, nous dit Klimrath (1); et le Code civil, en adoptant ces principes de « garde », la « maimbournie » du temps de Beaumanoir, que nous trouvons dans la loi Gombette et le droit coutu-

---

(1) Klimrath, *Introduction à l'histoire du droit coutumier* dans la *Revue de législation* (Wolowski), T. VI et VII.

mier, a réglé les rapports de la famille, à l'instar de ces usages primitifs, sur le besoin de protection du faible et sur la garantie que donnent l'affection et la tendresse des parents. C'est le Code Burgonde qui contient la première loi écrite qui fasse mention de la puissance maritale sur les biens et la personne de l'épouse (1). Le mari était le protecteur et non le propriétaire de sa femme, compagne de ses travaux, ayant, elle aussi, sa personnalité et ses droits. Et la faveur dont cette loi « barbare » entourait les femmes se remarque encore dans les droits considérables qu'elle donnait à la veuve survivante sur la fortune de son époux, et surtout dans la tutelle légale qu'elle déférait à la mère.

Une étude succincte sur les droits des époux dans la loi Gombette est donc un préliminaire indispensable à une étude plus spéciale sur le droit des gens mariés au duché de Bourgogne. Les travaux des anciens ne doivent pas être dédaignés par le jurisconsulte moderne et « l'étude des leges Barbarorum offre un particulier in« térêt, puisque ces lois forment avec le droit romain « la première assise de notre législation nationale et « qu'elles ont servi de germe à ces coutumes qui se « sont développées au centre et dans le nord et sont « restées en vigueur jusqu'au Code civil (2) ».

(1) Titre C.
(2) Glasson, *Histoire du droit et des institutions de la France*.

*
* *

Chez les Burgondes, et, pour parler plus généralement, chez les Germains, la famille reposait uniquement sur le mariage. Elle était fondée sur la communauté d'origine; sa constitution, ses obligations et ses droits dérivaient de la nature seule. Ces principes certains donnaient à la mère de famille un rôle important. Nous sommes loin, ici, des usages romains qui considéraient la femme comme le premier des serviteurs soumis de cette sorte de demi-dieu qu'était le « pater familias ». La germaine est la compagne dévouée de son mari, respectée de lui, partageant avec lui les travaux et les périls, ayant sa place marquée dans l'assemblée de famille, et donnant son avis sur les affaires publiques (1). On ne rencontre pas encore, chez les Burgondes, ce préjugé d'infériorité de caractère et d'intelligence dont l'influence du droit romain renaissant et du droit canonique, puissamment aidés en cela par l'amour-propre et l'égoïsme masculins, n'allait pas tarder de gratifier la femme.

Tacite proclame bien haut le respect dont les Germains entouraient leurs femmes (2). Aussi, si nous considérons le rôle du père de famille, nous ne retrouvons pas le pouvoir absolu du « pater » romain. Le père germain, administrateur général plutôt que souverain ab-

(1) Tacite, germ. XVIII : « Laborum periculorumque sociam. »
(2) Ibid.

solu, est, avant tout, pour ne pas dire uniquement, le
protecteur des êtres plus faibles que la nature lui a
confiés. Ce droit de protection s'appelait le « mundium », mot qui, au point de vue étymologique, peut-
être, peut avoir le même sens que « manus », mais qui
signifie tout autre chose. Ce n'était là qu'une simple
tutelle, et le mari tuteur « mundualdus », défendait et
représentait l'épouse dans ses intérêts comme le père
représentait le fils jusqu'à sa puberté et la fille, pendant toute sa vie, lorsqu'elle renonçait au mariage.

Les Burgondes, comme tous les autres peuples de
Germanie, pratiquaient la monogamie. Le mariage était,
pour eux, un acte essentiellement moral, aussi grave
pour l'homme que pour la femme. Mais il est difficile
de dire comment il était célébré, quelles étaient les formalités à remplir par le prétendant et les futurs. La loi
Gombette n'en parle pas. On peut présumer, cependant,
que l'union légitime résultait, comme chez tous les peuples primitifs, de la cohabitation aux vu et su de tous,
après un échange de paroles et de présents dans une
cérémonie de famille qui constituait les fiançailles et
dès lesquelles homme et femme étaient liés l'un à l'autre pour toujours (1). Notre loi consacre un titre à cette
matière des fiançailles et nous donne un exemple de la
manière rigoureuse avec laquelle ses dispositions étaient
appliquées (2).

(1) Tacite, XVIII : « Intersunt parentes et propinqui ac numera pro-
bant » et la nécessité du consentement des parents d'après la loi Gombette. Lex romana, B., T. IX, et T. XXVII.
(2) Gombette, LII.

A l'époque primitive, l'homme ravissait une femme dont il faisait sa compagne et qu'il associait à son existence. Peu à peu, ce rapt qui engendrait presque toujours des luttes sans fin entre les membres des familles différentes, fut consenti par le père et la famille de la femme moyennant un certain troc, plus tard une composition de rapt. Avec l'apparition d'idées un peu plus élevées ce ne fut plus pour le corps de sa future femme que le fiancé donna cette composition, mais bien pour compenser la perte de la puissance exercée sur sa fille par le père. Plus tard, encore, sous une influence qu'il serait difficile de déterminer, les mœurs primitives se modifièrent du tout au tout, perdant leur caractère originaire. Cette idée de composition versée au père disparut; et, ce que chez les Burgondes on appelait « wittemon », ce que les textes latins appellent improprement « pretium » ne désignait plus, aux premiers siècles de notre ère, que l'ensemble des présents donnés à la famille de la fiancée à l'occasion des noces (1).

Ce wittemon, désigné plutôt dans la loi Gombette sous les synonymes de « pretium nuptiale », de « donatio nuptialis » (2), ne devait pas être fixe. Déterminé par l'usage, il variait suivant la condition du mari. Il paraît, d'après le titre CI, avoir été de quinze sols d'or si le mari était de condition inférieure et de cinquante sols si le mari était noble ou de condition moyenne. Le

(1) Meynial, *Le mariage au temps des invasions*, dans la *Nouvelle Revue historique de droit*, années 1896-1897-1898.

(2) Gombette, T. LXVI, LXII, LXIX, CI.

titre XLIV laisserait, il est vrai, quelques doutes à cet égard (1).

Le wittemon était attribué aux membres de la famille de la fiancée suivant l'ordre des successions. Il revenait d'abord au père puis aux frères, et, selon un usage constant que nous ne trouvons pas confirmé malheureusement d'une façon expresse dans le cas particulier où le wittemon revenait au père ou aux frères, la fiancée en recevait le tiers pour ses ornements. Le titre LXI nous montre qu'elle pouvait exiger ce tiers lorsque le « pretium nuptiale » passait à la mère, à l'oncle paternel, aux sœurs ou aux parents plus éloignés. En cas de secondes noces, le wittemon appartenait, sous la même condition, aux parents du premier mari (2). Les secondes noces affranchissaient la femme de toute puissance autre que celle son nouvel époux. Si ce dernier venait à mourir et que sa femme, veuve de nouveau, consentit un troisième mariage, c'était à elle seule que devait être donné tout entier le prix nuptial.

(1) T. Cl. De wittemon : « Quicumque Burgundio alicujus optimatis aut mediocris sine ordinatione patris cum alicujus filia se copulaverit, jubemus ut tripla solutione optimatis ille qui fuerit, patri ipsi cum cujus filia se copulavit, et cum antea scire non fecit, nec consilium petiit, centum quinquaginta solidos cogatur exsolvere : et multæ nomine solidos XXXVI. — Leudis vero si hoc præsumpserit facere, similiter in tripla solutione, hoc est solidos XLV solvat : et multæ nomine solidos XII. »

(2) LXIX. De Wittemon : « Mulier quæ ad secundas nuptias traditur wittemon ejus a prioris mariti parentibus vindicetur. — Si vero tertium maritum accipere deliberat, wittemon quod maritus dederat, mulieri proficiat. »

L'acceptation du wittemon était la preuve du consentement exprès de la famille, et dès l'instant où il était donné, si le mariage n'était pas encore parfait, il n'en entraînait pas moins déjà tous les droits et obligations qui existent entre mari et femme (1). Toute infidélité était punie de mort. Et la loi Gombette insiste d'une façon toute spéciale sur ce point, en nous exposant les débats d'un procès curieux tranché par le roi lui même. Il s'agissait d'une plainte portée par l'écuyer Frédegisel contre sa fiancée Aunegilde qui, après avoir reçu le prix nuptial, avait, « libidinis ardore succensa », entretenu des relations criminelles avec un certain Balthamod. Ce ne fut que par une grâce toute spéciale (districtioni publicœ dierun reverentiam proponentes ») que les deux coupables, pour chacun desquels « non aliter tantum crimen tantumque dedecus libertatis quam sanguinis sui effusione debuerat expiare » virent la peine de mort méritée par ce forfait, commuée en une composition de trois cents sols d'or pour Aunegilde et de cent cinquante pour Balthamod, au profit du délaissé Frédegisel (2). La peine était dure. Mais n'était-elle pas légitime et juste puisque c'étaient les fiançailles, en somme, qui constituaient dans les mœurs burgondes le véritable mariage en tant que solennité ?

Le consentement de ses parents était nécessaire pour

---

(1) T. LII, etc., et lex romana B., T. XXVII.

(2) T. LII. — L'époque sainte dont il est question est le temps de carême.

le mariage d'une fille. L'homme, affranchi de toute puissance familiale dès l'âge où il était en état de porter les armes, pouvait se marier seul et à son gré. Mais toute union, contractée par la jeune fille sans l'avis favorable des siens, était regardée comme nulle et ne liant en rien l'homme auquel elle s'était livrée (1). Il paraît, cependant, résulter de divers titres de la loi burgonde qu'on n'était pas sur ce point d'une extrême rigueur et que le mariage, consommé sans cette condition, pouvait être regardé comme valable moyennant certaines compensations au profit de la famille. S'il s'agissait d'une femme veuve « mulier », et non « puella », tous ses biens à elle propres tombaient sous la pleine disposition du mari. La jeune fille même « puella » qui avait négligé l'avis paternel pouvait voir valider son union si le jeune homme qu'elle avait choisi consentait à payer aux parents le triple du wittemon dû selon sa condition, plus une amende de trente-six ou de douze sols d'or au profit du fisc (2).

Le tiers de ce wittemon, nous l'avons vu, était, selon les usages, donné à la fiancée pour ses ornements. Il n'en avait certainement pas été toujours ainsi ; et cet abandon d'une partie du prix nuptial à la future épouse n'avait dû entrer dans les mœurs qu'à l'époque où le wittemon, perdant son caractère primitif de composition de rapt, ne signifiait plus que l'ensemble des pré-

(1) T. LXI.
(2) T. CI.

sents donnés par le prétendant à la famille. Tacite nous
parle déjà de ce présent du futur à sa fiancée chez les
Germains (1). Il emploie le mot « dos », mais dans un
sens tout opposé à celui qu'il avait à Rome, où la dot
était ce qu'elle est aujourd'hui dans nos lois, une fortune personnelle à la femme apportée par elle lors de
son mariage. La question de savoir si « dos » au sens
germanique et « pretium » désignaient le même don a
été longtemps controversée (2). Aujourd'hui, on est
généralement d'avis que ces deux mots sont à peu
près synonymes, « pretium » au sens large désignant
tous les cadeaux de noces, et au sens restreint désignant, comme « dos », les dons particuliers à la
femme (3).

Il y aurait donc eu, chez les Burgondes comme chez
les Francs, une « dos legitima », mais qui n'était pas
dans la loi Gombette ce simple gain de survie de cinquante sols d'or réservé de droit à la veuve franque
dont l'existence n'avait pas été assurée par son mari
défunt. Le tiers du wittemon appartenait en pleine propriété à la femme ; et il est bien certain que la géné-
rosité du fiancé ajoutait à ce don obligatoire d'autres
cadeaux plus considérables encore peut-être. Ne devait-
il pas donner à celle qu'il aimait « une grande preuve

---

(1) Tacite, Germ. XVIII : « Dotem non uxor marito seduxori maritus offert. »

(2) Matile, *Étude sur la loi Gombette.*

(3) Ginoulhiac, *Histoire du régime dotal et de la communauté en
France,* p. 135.

de son amour », selon l'expression des écrivains anciens ?

— A côté de la « dos », nous trouvons encore dans la loi burgonde une autre institution originale du droit germanique : le « morgengab ».

Ce « morgengab » ou don du matin est un don gracieux, obligatoire dans les mœurs, que le mari devait faire à sa jeune femme, au matin du lendemain des noces. Dans le langage de ces temps anciens, les textes latins désignent ce don sous le nom de « don de virginité » ou de « beauté », « pretium pulchritudinis », ou encore « don de couverture ou don du matin ». C'était le « don du soir, abendgaba », quand la mariée était veuve. La loi Gombette ne le mentionne qu'une seule fois sous cette dénomination propre ; elle l'appelle ailleurs « donatio nuptialis », et même « dos » (1). Cette libéralité, due à la haute idée que se faisaient les peuples d'origine germanique du rôle de la femme dans la famille, et à cette délicatesse de sentiments curieuse du mari envers son épouse, devait disparaître sous l'influence du droit romain renaissant et du droit canonique. Elle se confondit avec la « dos » stipulée expressément dans les « libelli dotis » du Moyen-Age.

Les biens compris dans cette sorte de donation appartenaient en toute propriété à la veuve qui restait fidèle à la mémoire de son mari. En cas de second mariage, elle ne pouvait en conserver que l'usufruit. La nue-

---

(1) T. XLII, § 2, et XXIV, § 2.

propriété passait à ses enfants et se partageait par moitié, à défaut d'enfant, entre ses parents à elle et ceux du
mari donateur (1).

Ln mariage conclu et consommé, le mundium du
mari remplaçait pour la femme le mundium du père.
Nous avons vu le caractère original de ce mundium.
Nous ne trouvons pas encore établie comme elle devait
l'être quelques siècles plus tard « l'autorité maritale »
s'exerçant sur la femme. C'est dans la loi Gombette, cependant, que l'on s'accorde à reconnaître la première
affirmation positive d'une puissance du mari « chef »
sur la personne et les biens de son épouse. Au titre « de
mulieribus quœ se volontate sua ad maritos tradunt »
notre loi nous dit : « Quœcumque mulier, burgundia
vel romana voluntate sua ad maritum ambulaverit, jubemus ut maritus ipse facultate ipsius mulieris, sicut
in ea habet potestatem, ita et de omnes res suas habeat (2). » Il s'agit de la veuve « mulier », et non de
la fille, qui se remariait sans obtenir le consentement
préalable de ses parents. Il fallait prévenir les suites de
l'empressement avec lequel les veuves cherchaient

_____

(1) T. XXIV, § 1 : « Si qua mulier duntaxat Burgundia post mariti
mortem ad secundas aut tertias nuptias, ut adsolet fieri, fortasse transierit, et filias ex omni conjugio habuerit, donationem nuptialem dum
advivit usufructu possideat ; post ejus mortem ad unumquemque filium quicquid pater ejus dederit, revertatur, ita ut mater nec donandi,
nec vendendi, nec alienandi de his rebus, quas in donatione nuptiali
accepit, habeat potestatem. »
(2) T. C.

à échapper au patronage intéressé de leur famille. La
sanction de cette hâte était leur dépossession de tous
les biens qu'elles pouvaient avoir au profit du second
mari « sicut in ea habet potestatem ».

En dehors de ce cas exceptionnel, le mari n'avait que
l'administration des quelques biens de son épouse ; il
ne lui était pas permis de les engager (1). Ce pouvoir,
très restreint, d'ailleurs, était une conséquence de son
pouvoir sur la personne de sa femme. L'expression
« potestas », dont se sert le texte, n'indique pas très
exactement la puissance respectueuse et tutélaire du
chef de famille burgonde sur la compagne dévouée de
sa vie ; mais elle n'en indique pas moins le rôle supérieur
et dirigeant du mari qui ne faisait rien d'important,
sans doute, sans le conseil de sa femme mais qui as-
sistait celle-ci dans tous ses actes et guidait chacun de
ses pas. C'est l'affirmation expresse, par des « barbares »,
pour l'état particulier de mariage, de cette grande loi
naturelle qui édicte que partout où il y a une société il
faut un chef auquel on doive obéissance, mais seul
responsable par contre du bien-être et du bonheur des
individus qui lui sont confiés.

Malgré cette soumission que la loi imposait à l'épouse,
elle lui faisait une obligation de dénoncer son mari
voleur.

« On ne peut attribuer une obligation aussi contraire

(1) Ginoulhiac, *Histoire du régime dotal et de la communauté en
France*, p. 218. — Laboulaye, *Recherches sur la condition civile et
politique des femmes*.

« à l'humanité, et à l'idée du mariage chrétien, nous dit
« Matile, qu'à la nécessité de réprimer sévèrement les
« vols nombreux d'alors. » La loi apportait d'elle-même
quelques tempéraments à cette disposition sévère en
n'exigeant cette dénonciation qu'au cas de vol de che-
vaux et de bœufs. Si la femme négligeait de se soumettre à cette prescription, elle devait être réduite en
esclavage et probablement livrée à la victime. Quant
au voleur lui-même, il était ordinairement condamné à
mort (1).

*
* *

Cette union intime entre les époux burgondes n'allait,
cependant pas jusqu'à la communauté des biens acquis
pendant le mariage. Il n'y a pas trace, dans la loi Gombette, d'une part quelconque de ces biens revenant à la
femme lors de la dissolution de l'union conjugale. Tout
appartient au mari, On ne peut constater que ces nombreuses dispositions morales dont nous avons parlé et
qui allaient permettre aux idées de collaboration entre
époux et de communauté, exprimées dans la loi Ripuaire,
de s'implanter dans les coutumes locales du royaume
de Bourgogne les plus voisines des pays francs.

Si la communauté n'existait pas chez les Burgondes,
si la femme n'avait, de ce chef, aucune garantie pour
son existence matérielle pendant son veuvage, elle se
trouvait, en revanche, singulièrement protégée par les
droits que la loi Gombette reconnaissait à la veuve.

_____

(1) T. XLVII et LXXXIX.

Nous avons vu que le morgengab assurait quelques biens à l'épouse. Mais, avec raison, notre loi trouve insuffisant ce don gracieux nécessairement modique. Elle admet la veuve comme héritière à la succession de son mari, et si bien héritière qu'elle se trouve obligée aux dettes du défunt et doit renoncer à sa part légale si elle ne veut pas être poursuivie par les créanciers (1).

La loi lui accorde comme telle un droit d'usufruit, variable suivant qu'elle garde le veuvage ou passe à de nouveaux liens, suivant qu'elle n'a pas d'enfant, qu'elle n'en a qu'un seul ou plusieurs. Les dispositions législatives ont varié plusieurs fois sur ce point. Le Titre XLII lui donne l'usufruit du tiers de tous les biens du mari décédé sans postérité si elle respecte son veuvage. En cas de seconde noces elle perd ce droit (2).

La « lex romana Burgundionum » fait une différence entre les seconds mariages contractés pendant l'année

---

(1) T. LXV : « De mulieribus viduis a quibus maritorum debita requiruntur » — § I : « Si qua mulier vidua filios habens, si et illa et filii sui cessionem de bonis mariti, qui defunctus est, fecerint, nullam ex debito ipsius repetitionem aut calumniam patiantur. » — § 2 : « Si incerte præsumpserint hereditatem, debitum paternum simul solvant. »

(2) T. XLII; § I : « Licet de hereditatibus eorum, qui sine filiis moriuntur, complura prioribus legibus jusserimus, tamen nunc impensius universa tractantes, justum esse prospeximus, ut aliqua ex his quæ ante præcepta fuerant, corregantur. Idirco præsenti constitutione decernimus, ut si mulier defuncto sine filiis conjuge suo ad secunda vota non ierit, tertiam totius substantiæ mariti usque ad diem mortis suæ secura possideat : sic tamen ut post transitum ejus, ad legitimos mariti heredes omnia revertantur. »

de deuil et ceux qui n'ont lieu qu'après cette période (1).

Le titre LXXIV de la « lex barbara » déclare que la
veuve ne peut réclamer cet usufruit du titre XLII qu'autant que ses père et mère ou son mari ne lui ont pas
laissé, par donation entre vifs ou testament, des mo·
yens d'existence suffisants, et sous la condition toujours
la même de ne pas convoler en secondes noces (2).

(1) T. XVI, « lex romana ». — § I : « Mulieres ad secundas aut tertias nuptias intra anni spatium transire non licet : quod si fecerint,
infames habentur, ita ut de facultate mariti prioris, etiam si ei demissa fuerit, nihil habeat ; pari et de donatione nuptiali conditione ser-
vata. » — § 2 : « Ad secundas vero nuptias post designatum anni spatium transeuntes donationem mariti prioris usufructuarie possedere,
et a marito demissa eis posse proficere, secundum ejusdem tituli legem
imperatoris Honorii et Theudosii ad Johannem prefectum pretorio
data. »

(2) Il est à remarquer que les Burgondes, contrairement aux autres
barbares, pouvaient disposer par testament d'après le titre XXXIII. —
T. LXXIV, § 1 : « Ante actis quidem temporibus emissa generaliter
lege fuerat constitutum, ut si mulier defuncto sine filiis marito suo ad
secundas nuptias non transiisset, tertiam hereditatis ejus usque in
diem vitæ suæ propriis utilitatibus vindicaret : sed nunc ex ipso eo-
demque titulo cum optimatibus populi nostri adtentius universa tractantes, generalitem prædictæ legis placuit temperare. Quopropter jubemus, ut illa tantum vidua hanc, de qua loquimur, hereditatis mariti accipiat quantitatem, quæ patris aut matris non habuerit facultatem, aut si ei maritus suus aliquam, in qua vivere possit, successionis
suæ non donaverit quantitatem. » — § 2 : « Quæcumque sane mulier,
conjuge suo in facta conlapso, ad secundi mariti vota non ierit, ac si
eam adulti jam filii secum esse noluerint, hac ratione cum eis defuncti mariti dividat facultatem : ut, si unum filium habuerit, prædictæ substantiæ tertiam consequatur : si duo, aut tres, vel quatuor aut
plures erunt fili, quartam accipiat portionem, quam tamen post obitum ejus ad filios ipsius placuit remeare. »

Mais le § 2 de ce titre, comme pour compenser l'exigence de cette nouvelle condition, lui accorde un usufruit au cas même où il existe des enfants du mariage. S'il n'y en a qu'un seul, la veuve jouira de ce même tiers de la fortune maritale, et s'il y en a plusieurs ce droit sera réduit au quart. Si, lors du décès du mari, il existe des enfants, nous dit le T. XXIV, et que ces enfants viennent à mourir sans postérité, avant la mère, celle-ci voit son usufruit s'augmenter de la jouissance viagère de toute la fortune personnelle de chacun des enfants dont la nue propriété passe à leurs plus proches parents. De plus, si ces enfants lui ont laissé par testament une quotité de leurs biens, cette quotité lui appartiendra en toute propriété, elle pourra en disposer comme bon lui semblera. Le titre LIII, tout en confirmant cette dernière disposition, affermit encore le droit de la veuve sur la succession de ses fils.

Les dispositions du titre XXIV avaient des inconvénients, ceux de ne donner à la mère qu'un simple usufruit et de priver pendant longtemps, parfois, les nu-propriétaires d'une jouissance utile sinon nécessaire. « Quorum tarditas adeundæ hereditatis offendit, alterum proprietas omissa conturbat. » Le titre LIII tranche la difficulté en déclarant que les successions des fils (qui comprennent la propriétés des biens paternels) se partageront par moitié entre la mère et leurs plus proches parents, tout usufruit étant désormais supprimé pour la veuve, dans ce cas.

On est étonné de constater l'importance de ces droits

de la veuve dans une loi barbare, alors que, dans notre Code civil, rédigé après une expérience de plus de
dix siècles et qui remplaçait une législation coutumière
ou la douairière se trouvait dans une situation des plus
favorables, il n'y a rien autre pour l'épouse survivante
que les droits bien maigres et presque ridicules des
articles 1465, 1481, 1570 et le rang successoral dé-
risoire de l'article 767 qui fait passer la personne la
plus dévouée au défunt et la plus chère à son cœur,
après tous les parents au degré successible et même
les enfants naturels. C'est hier seulement que cette
grande lacune de notre législation a été comblée,
puisque l'usufruit auquel le survivant des époux suc-
cède, désormais, ne lui a été donné que par la loi du
9 mars 1891.

De même que dans nos lois modernes, à cette époque primitive déjà, la tutelle légale de ses enfants était
déférée à la mère, après la mort du chef de famille (1).
Elle avait le plein exercice des pouvoirs du père et en
usait à son gré, sous la surveillance bienveillante de la
famille toujours prête à l'aider dans ses devoirs et ses
charges. Les Burgondes avaient bien compris que les
liens du sang qui unissaient la mère à ses enfants
étaient les plus sûrs garants d'une éducation saine qui
devait fournir à l'État de bons citoyens. La loi Gombette ne nous dit pas si la mère avait l'administration
de la fortune du père passée aux enfants ; mais le

(1) Titre LIX.

titre LXXIV, § 2, nous fournit un argument en ce
sens (1). Il ressort de ce texte que l'usufruit de la veuve
n'était réclamé qu'au jour où les fils, devenus adultes,
c'est-à-dire parvenus à cet âge qui les affranchissait du
mundium familial, leur faisait quitter la famille pour
devenir citoyens dépendant de l'État seul, et leur permettait de se marier à leur gré, refusaient d'habiter
plus longtemps la maison maternelle et réclamaient en
quelque sorte leurs comptes de tutelle.

Avec quels biens la veuve aurait-elle pu subvenir à
sa propre existence et à celle de ses enfants, si, jusqu'à cette époque, elle n'avait pu disposer des revenus de
la fortune de son mari défunt? Ce droit d'administration,
d'ailleurs, n'était que la conséquence de celui de garde
et de tutelle qui lui était reconnu par le titre LIX, et
qui passait, au cas de secondes noces de la veuve, au
grand-père paternel des enfants, s'il vivait encore, ou,
à son défaut, aux plus proches parents de la ligne paternelle.

*
* *

La loi Gombette nous offre encore une particularité
curieuse relative à la dissolution de l'union conjugale
autrement que par la mort de l'un des époux. Chez les
Germains et chez tous les peuples originaires de Germanie, établis dans les Gaules, les divorces étaient fréquents. Chez les Burgondes, au contraire, ils n'étaient
admis qu'exceptionnellement, dans des cas expressément

(1) Cf. note 2, page 22.

énumérés par les lois, et les conditions de la séparation des époux se trouvaient réglées avec soin. La « lex romana » faisait sur ce point une situation égale au mari et à la femme qui pouvaient l'un et l'autre réclamer le divorce dans les cas où il était permis (1). Mais un principe absolu enlevait à la femme le pouvoir de répudier son mari pour quelque cause que ce fut. Si elle désertait le mariage, elle devait être punie de mort, noyée dans la fange (2).

De son côté, le mari ne pouvait pas répudier sa femme à sa guise (3). Un jugement devait intervenir ; et le divorce n'était prononcé que pour les crimes d'adultère, de maléfices ou sortilèges et de violation de sépulture, à la charge par le mari de livrer la coupable au juge qui la condamnait aux peines édictées par la loi. Ces peines devaient être très élevées pour le cas d'adultère, puisque le T. LXVIII permettait à l'offensé qui surprenait son épouse en flagrant délit de tuer sur

---

(1) T. XXI. — Lex romana Burgundionum. — § 1er : « Consensu partis utriusque repudium dari et matrimonium posse dissolvi. » — § 3 : « Quod si mulier nolente marito repudium ei dare voluerit, non aliter fieri hoc licebit, quam si maritum homicidam probaverit, aut sepulchrorum violatorem, aut veneficum : quod si unum ex his probaverit, et maritum demittat, et conlatam in se donationem jure tuebitur, et dotem quam ei maritus fecerat vindicabit, juxta legem Thendosiani sub tit de repudiis promulgatam. »

(2) T. XXXIV, § 1es : « Si qua mulier, maritum suum, cui legitime est juncta, dimiserit, neatur in luto. » — Lex romana, T. XXV.

(3) T. XXXIV, § 2 : « Si quis uxorem suam sine causa dimiserit, inferat ei alterum tantum, quantum pro pretio ipsius dederat, et multæ nomine sol. » XII.

le champ les deux complices (1). En dehors de ces trois cas, le mari ne pouvait ni renvoyer ni abandonner son épouse. S'il voulait se séparer d'elle, il devait abandonner lui-même la maison conjugale en se dépouillant de tous ses biens en faveur de celle qu'il délaissait et de ses enfants. Mais c'était là une mesure préventive plutôt que répressive, et les abandons dans ces conditions devaient être assez rares. « Rectius enim paucorum condemnationem multitudo corregitur, quam sub specie incongruœ civilitatis intromittitur occasio, quæ licentiam tribuat relinquendi (2). »

A la dissolution du mariage l'époux survivant et la famille du défunt reprenaient les biens propres à chacun. La fortune du mari comprenait tous les biens acquis avant le mariage de même que ceux acquis pendant l'union conjugale, puisqu'il n'existait pas de communauté de biens. Celle de la femme comprenait le tiers du « wittemon », la « dos », le « morgengab », les dons qu'elle avait reçus de sa famille (3). En aucun cas, même dans celui de mort sans enfant, les dons gracieux

(1) T. LXVIII. — Si l'un des deux était épargné, on présumait qu'il y avait là une vengeance personnelle plutôt qu'une sanction légitime de la plus cruelle offense ; on considérait dès lors qu'il y avait crime de droit commun dont l'auteur rentrait dans la classe des meurtriers ordinaires et devait payer la composition exigée en pareil cas.

(2) T. LII.

(3) Les femmes dans la législation burgonde n'étaient pas exclues d'une façon absolue de la succession de leurs père et mère. Les enfants mâles passaient avant elles, mais à défaut de frères ou de fils de frères, les filles recueillaient tous les biens de leurs parents.

que les époux avaient pu se faire l'un à l'autre à l'occasion de leurs noces ne pouvaient être répétés. Ils
étaient définitivement acquis au donataire (1).

Nous ne trouvons rien de spécial aux dons entre
époux, dans les lois burgondes. Nous ne rencontrons
aucune trace du « don mutuel » de la loi Ripuaire : ce
qui ne doit nullement nous surprendre puisque cette
libéralité purement viagère appartenait à l'époux survivant à titre plutôt de gain de survie, et que la loi
Gombette donnait à la veuve, pour laquelle seule il était
nécessaire, un usufruit légal sur la fortune de son mari
bien suffisant pour subvenir à tous ses besoins. Mais il
ne devait pas plus être interdit de se donner entre conjoints burgondes qu'il n'était défendu de donner à un
étranger. Les idées de méfiance et d'égoïsme du droit
romain n'avaient pas encore influé sur les mœurs, et les
hommes de loi n'avaient pas encore rendu impossibles
ces libéralités, les plus justifiées qui puissent être faites.
Le Titre LXXIV, § Ier, nous est, d'ailleurs, une preuve
certaine que le mari pouvait disposer de ses biens en
faveur de sa femme, puisqu'il fait reposer sur l'absence
d'une donation de ce genre l'usufruit de la veuve survivante ; et nous ne voyons rien qui eut pu empêcher
l'épouse de se montrer généreuse envers le compagnon

---

(1) T. XIV, § 3 : « Illud etiam præsente lege placuit continuere, ut si
mulier maritum habens sine filiis de hac luce transierit maritus defu-
ncta uxoris pretium, quod pro illa datum fuerit, non requiral. » —
§ 4 : « Similiter quod mulier ad maritum veniens erogaverit, defuncto
sine filiis marito mulier aut parentes mulieris non requirant. »

dévoué de sa vie, dans la mesure de ses maigres res-
sources (1).

* *
*

Tel est à grands traits, sans entrer dans des détails
d'érudition et des conjectures savantes qui sont hors
de notre compétence et de la portée de cette étude,
l'ensemble des institutions du droit des gens mariés dans
les lois burgondes.

Nous y trouvons en germe l'institution du douaire,
et, nettement établis, les principes de la puissance maritale et de l'usufruit de la veuve survivante à laquelle
on confie la tutelle légale de ses enfants en bas âge. Il
n'y a rien, sans doute, de la communauté de biens,
mais nous constatons une union de tous les instants
entre les époux, une morale sévère à côté de l'institution
du divorce réglementée dans ses détails, la liberté des
dons entre époux, et, dominant cet ensemble de règles
dont le but évident était une protection plus efficace
pour elle, un respect profond pour la femme, fille,
épouse et mère. « On l'a souvent dit, les progrès de l'hu-
« manité sont surtout marqués par le développement des
« droits de la femme. On aime à constater que la loi qui
« renferme la plus haute expression de ses droits a été
« édictée sur la terre des Gaules, cette terre d'où si
« souvent sont sorties les plus nobles idées dont les bien-
« faits sont allés se répandre dans le monde entier (2). »

(1) T. LXXIV, § Ier. Cf. note 2, page 22.
(2) Smith, *Etude sur la loi Gombette.*

TITRE PREMIER

CHAPITRE PREMIER

FORMATION ET DÉVELOPPEMENT PROGRESSIF DES INSTITUTIONS DU DROIT DES GENS MARIÉS AU DUCHÉ DE BOURGOGNE

—

Le royaume des Burgondes tomba sous les coups des fils de Clovis vers le milieu du VIe siècle ; mais les lois Gombettes ne devaient pas disparaître avec lui. Elles furent observées pendant longtemps encore en même temps que les lois salique et romaine. Les plus vieilles chartes du Moyen-Age en font foi, et tous les écrivains de cette époque constatent cet état de choses singulier qui, dans un pays soumis au même prince, faisait vivre les divers sujets sous des lois différentes. C'est ainsi qu'au IXe siècle, l'évêque de Lyon, Agobard, pouvait écrire que souvent cinq hommes se trouvaient réunis qui vivaient sous cinq lois différentes. Il n'y avait rien là, d'ailleurs, que de très naturel, chaque peuple conservant sa loi respective et n'entendant pas se soumettre à celle du voisin. Mais, par la force même des

choses, les influences réciproques allaient permettre à
des principes généraux de se dégager de cette diversité
de règles. Cette pénétration et cette élaboration furent
longues. D'assez bonne heure, cependant, elles donnèrent des résultats considérables, puisqu'au XVᵉ siècle,
lors de la rédaction des coutumes provinciales, nous
constatons déjà de nombreux et vieux usages communs
à une grande partie de la France.

« Le système des lois personnelles » expression par
laquelle on désigne l'état juridique de l'ancienne
France, au lendemain des Invasions et de l'établissement définitif des barbares dans les Gaules, subsista
jusqu'au Xᵉ ou XIᵉ siècle (1).

Au IXᵉ siècle, Agobard exhorte Louis-le-Pieux à re-
jeter la loi Gombette, d'origine arienne et barbare (2).
En 857, Hinemar, évêque de Rheims, s'écrie au sujet
du divorce de Lothaire II et la reine Tietberge : « qu'ils
sachent bien (les coupables) qu'au jugement de Dieu,
ils ne seront pas jugés par les lois romaine, salique ou
gombette, mais par les lois divines et apostoliques. »

En 912 une charte du cartulaire de l'abbaye de
Cluny nous parle de la loi burgonde, et une autre de
976 nous montre des fiançailles célébrées selon ses
préceptes (3).

----

(1) Sous le régime des lois personnelles chaque individu était soumis
aux lois de sa nationalité d'origine dans quelque pays qu'il se trouve.

(2) Agobard invoquait en particulier contre la loi Gombette l'admission expresse du duel judiciaire dans la législation burgonde.

(3) *Cart. Cluny*, an. 912, ch. 189. — Cf. note 3, page 43 : « Secun-

Mais les « leges Burgundionum » devaient disparaître daus la tourmente qui se déchaîna après le partage de l'empire de Charlemagne et pendant les guerres intestines entre ses successeurs, à cette époque où « le monde, nous dit Michelet, voyait le chaos en lui-même, aspirait à l'ordre et l'espérait dans la mort » attendue sans effroi avec l'an mille et ses terribles menaces. La révolution féodale, tout aussi sociale que politique, bouleversait de fond en comble le vieux monde et jetait à tous les vents les assises de l'unité créée jadis par les Romains et rétablie par Charlemagne. « Les hommes se fixent en s'isolant. Celui-ci perche avec l'aigle, l'autre se retranche derrière le torrent. L'homme ne sait bientôt plus s'il existe un monde au-delà de son canton, de sa vallée. Il prend racine, il s'incorpore à la terre (1). » Toute loi commune devenait impossible. Il n'y avait plus d'autre règle que le bon plaisir du chef d'armes, du seigneur, à peine retenu par la parole des évêques. Les antiques prescriptions des lois passées en coutumes et ancrées dans les mœurs se maintiennent par la seule force de la tradition et la loi écrite n'est plus invoquée qu'entre les gens lettrés, si rares en ces temps là. Si nous trouvons la loi Gombette invoquée dans les

---

dum legem meam gombada in mergingiva ad integrum tibi dono » ; — ch. 1426, an 976 : « Dilecta sponsa mea nomen Saimel. Igitur ego, in Dei nomen, Unest, in pro amore Dei et parentorum meorum, et amicis meis secundum legem meam gombada te sponsavi, et si Deo propitio placuerit, ad legitimum cungio sociare te volo. »

(1) Michelet, *Histoire de France.*

Chartres de Cluny jusqu'en 976 et dans celle de Grenoble jusqu'en l'an mille (1), ce n'est que par des personnages considérables; mais pour le peuple, pour la
presque totalité des individus il n'y avait plus de loi
écrite. C'était les usages locaux qui réglaient leurs rapports entre eux ; on suivait les « usages » des Burgondes, des Francs et des Romains bien plutôt que les
lois Gombette, Salique ou Romaine. Toutes distinctions
entre ces législations diverses, auxquelles on attachait
encore le nom des premiers peuples qui les avaient
suivies, disparurent peu à peu devant l'application de
la Coutume locale.

On se réclama de la coutume de Dijon, de celle de
Beaune, ou d'autres encore qui n'avaient force de loi
que dans l'étendue d'une ville, d'un fief ou d'une petite contrée. Nous en avons la preuve dans les manuscrits qui nous sont parvenus et dont les auteurs étaient
de simples praticiens, juges ou avocats, qui composè-
rent pour leur plus grande commodité des recueils des
usages suivis dans le ressort du tribunal auprès duquel
ils vivaient.

(1) Cart. de Grenoble, an. 1000, ch. 8 : « Notum esse volumus quod
laboratores quidam, Folcherius et Aschericus Ulnientes postulaverunt
domnum Oddonem, episcopum, ut aliquid terre ex ratione sancti An-
drœ, quem pro precarie largitatem adquisivit, sibi, et uxoribus et
heredibus eorum traderet ad medium plantum secundum Galliarum
morem ; quod et fecit. Predicta cespis sita est in pago Gratianopolis,
in agro Salmoriacense iu villa Cotonaco, et cingitur undique ex eodem
arva. Infra hanc diffinitionem predictus episcopus ut supra taxavimus,
prélibatis viris tradit more Burgundionum ad medium plantum..... »

Pérard, dans son *Recueil de plusieurs pièces cu-rieuses à l'usage du duché de Bourgogne*, le prési-dent Bouhier, après lui, dans ses *Œuvres de Juris-prudence*, nous en rapportent quelques-uns qu'ils nous disent dater de Saint Louis (1).

Giraud a publié en entier un de ces vieux textes, écrit, vers le XIIIᵉ siècle, par un praticien de Beaune où séjournait parfois le Parlement des premiers ducs de Bourgogne (2).

Ce sont là autant de pièces intéressantes qui nous renseignent assez bien sur les coutumes bourguignon-nes des XIIIᵉ et XIVᵉ siècles. Mais, entre l'époque de la disparition des lois barbares et la date approximative de ces premiers monuments juridiques qui allaient être d'un si grand secours aux compilateurs de la Coutume de 1459, il y a un espace de quatre cents ans sur le-quel nous n'avons pour tous renseignements que quel-ques chartes bien rares et bien incomplètes.

* *

Pendant cette période obscure, le mariage en tant que cérémonie va devenir de simple accord de famille une véritable institution surveillée par l'Église avant

(1) E. Pérard, *Recueil de plusieurs pièces curieuses à l'usage du duché de Bourgogne*. A Dijon, 1664. — Bouhier, président à mortier au Parlement de Dijon : *Œuvres de Jurisprudence*, recueillies et mises en ordre par Joly de Bevy. A Dijon, chez Frantin, 1787. — Les éditions antérieures sont beaucoup moins complètes.

(2) Giraud, *Essai sur l'histoire du droit français au Moyen-Age*, année 1846, tome II.

d'être contrôlée par les pouvoirs publics après l'Ordonnance de Blois.

Dans les chartes de Cluny, les futurs époux se promettent encore de s'épouser, devant une assemblée de famille dont le consentement a été obtenu comme pour les fiançailles burgondes. Ces promesses solennelles sont suivies d'une cérémonie publique d'abord purement civile et qui revêtit, plus tard, un certain caractère religieux avec le développement des idées chrétiennes (1). Au XIVe siècle, on retrouve encore dans les usages de la Bourgogne cette importance considérable attachée au fiançailles dans la loi Gombette. L'échange d'un morceau de pain, d'un verre de vin, d'un fruit entre deux « promis » établissait entre eux un lien qu'ils ne pouvaient rompre que très difficilement (2). Si l'un des fiancés hésitait à tenir son engagement, l'autre lui rap-

---

(1) Cart. Cluny : « ..... propter consilium parentorum nostrorum vel amicorum nostrorum tibi sponsavi et si deum placuerit, ad legitimos conjugio sociare volo vel cupio ..... », formule très fréquente dans les constitutions de douaire, et les donations « propter nuptias ».

(2) *Étude sur l'ancien Droit en Bourgogne d'après les protocoles des notaires*, aux XIVe XVe et XVIe siècles, par Simonnet. 1869. — Au cours du XVIIIe siècle, Brossette, rendant compte de la signature du contrat de la fille d'un échevin de Lyon, dit qu'après la signature de ce contrat une collation fut servie, et que l'on n'oublia pas de mélanger le vin servi aux deux époux, comme un signe que tout doit être commun entre eux. (Correspondance de Boileau et de Brossette, citée par Simonnet.) Dans nos campagnes, un reste de cette vieille coutume existe encore dans l'usage de la « Trempée », sorte de breuvage composé avec du vinaigre, du sel, du poivre, de l'ail et autres substances amères que les époux doivent boire dans le même verre, au sortir de l'Église, après avoir partagé un morceau de pain trempé dans ce li-

pelait en justice la parole échangée devant témoins. Le
25 décembre 1396, un sieur Odot Baraignier reconnait,
en présence de sa fiancée et des témoins appelés, qu'il
a donné à boire à celle-ci « en foi et loyauté de mariage ». Cette coutume entraînait même quelques abus,
puisque, vers le même temps, nous voyons la Justice
locale reconnaître la fraude et punir sévèrement témoins
et partie coupables à l'occasion d'un engagement de ce
genre, pour lequel il avait été convenu par un nommé
Chaudelet qu'il offrirait un fruit à une veuve Barde,
dont il voulait faire sa femme malgré elle, en lui disant
en latin « ego do vobis in honorem matrimonii ». Souvent
de semblables paroles étaient prononcées et échangées
devant notaire. C'était là les « sponsalia de prœsenti »,
le mariage par « paroles de présent » que l'on opposait
« aux sponsalia de futuro », simples promesses de s'épouser sans valeur qui ne devenaient parfaites qu'après la
bénédiction nuptiale (1). Les inconvénients multiples de
ces « sponsalia de prœsenti » les firent interdire par
le concile de Trente, dans la chrétienté, et par l'ordonnance de Blois en France où les canons du concile ne
furent pas reçus. Les « sponsalia de futuro » subsis-
tèrent seuls, et c'était dans ces cérémonies de fiançailles que s'échangeaient les présents nuptiaux.

---

quide, symbole de toutes les « amertumes » qu'ils devront supporter
en commun.

(1) Pendant longtemps le mariage ne fut qu'un acte essentiellement
civil et la bénédiction de l'Église qu'une simple cérémonie accessoire.

*
* *

Le « pretium nuptiale » perdit à cette époque son caractère, son importance et même son nom. Il n'y en a plus trace dans les chartes.

Mais la « dos » germanique existe encore. C'est le mari qui fournit sa dot à sa fiancée : «... sed quia et ratio postulat et consuetudo exquirit, ut sponsus sponsam...• dotare debeat... (1) », «... antiqua consuetudine ostendente... (2). » C'est une véritable « donatio propter nuptias » et de nombreux textes du Moyen-Age la désignent sous cette expression romaine. Elle est obligatoire dans les mœurs comme le « morgengab » de la loi burgonde qui, trop sentimental, s'est confondu avec elle et dont le nom n'est plus que le synonyme de « dos » dans les chartes de cette époque (3). Elle est nécessaire à la femme privée de droits successoraux sur la fortune de ses père et mère. C'est une juste compensation de son exclusion du partage de l'hérédité paternelle. Dans la loi Gombette nous avons vu la fille écartée de la succession de ses ascendants en face de frères ou de descendants mâles de frères (4). Cette exclusion n'alla qu'en s'accentuant avec l'apparition de la féodalité dont

---

(1) Cart. Cluny, an 833, charte 7.

(2) Cart. Cluny, an. 994, ch. 2265.

(3) Cart. Cluny, an. 912, ch. 189 : « ... infra istas terminaciones, portione mea, secundum legem mea gombada in mergingiva ad integrum tibi dono... »

(4) Cf. titre préliminaire, page 27, note 3.

les exigences écartèrent d'une façon absolue les femmes nobles de tout droit au partage des terres des ancêtres. Dans les succesions roturières il y a égalité absolue entre les enfants des deux sexes, pour les meubles et les immeubles, les propres et les acquets ; mais, dans la succession noble, le mâle seul est compté pour la terre noble, et à défaut de mâle le fief revient au suzerain. Comment, en effet, dans cette société féodale où le fief n'était en quelque sorte que la caserne du gentilhomme, des femmes qui ne pouvaient suivre la bannière de leurs suzerains sur les champs de bataille, qui ne pouvaient être leurs « consortes » aux termes de la législation d'alors auraient-elles pu se trouver propriétaires et maîtresses de terres nobles ? Ce ne fut qu'après que les légistes eurent fait admettre la distinction entre la jouissance et le domaine du fief, l'exercice et le fond du droit, que les filles purent être admises à la succession de leurs ascendants, et ce principe fut dégagé assez à temps pour ne point priver les familles de leurs possessions héréditaires à la suite des croisades qui avaient coûté la vie à un si grand nombre de seigneurs.

A partir du XIIᵉ siècle, le droit de masculinité commence à s'effacer et les filles sont admises à recueillir les biens paternels et maternels à défauts de frères. Mais les héritiers mâles en concurrence avec elles obtiennent toujours la préférence. « Là où le meilleur sexe manque, dit une lettre de Louis VII, mais là seulement, les femmes peuvent succéder. » Et, des successions nobles, cette règle passa aux successions roturières. « Si supersint filiæ absque masculo, dividunt inter se bona parentum sive fuerint maritatæ sive non... » nous dit une ancienne coutume latine du XIIIe siècle rapportée par le président Bouhier (1). « Les filles partent ensemble les biens dou père et de mère se il n'y hay hoir masle, soient mariées ou non... (2), » nous dit une autre de la même époque.

Les principes romains d'égalité absolue entre les enfants des deux sexes l'emportèrent, après le XIIIe siècle, sur les usages féodaux et les filles furent admises, au même titre que les fils, à la succession de leurs père et mère ; depuis quelque temps déjà il n'existait plus aucune différence entre les sexes dans les successions collatérales. Mais s'il en était ainsi en droit, en fait il en était tout autrement. Les coutumes traditionnelles dans les familles, la crainte de voir la terre des ancêtres passer à des noms étrangers, la nécessité de laisser aux enfants mâles la plus grande part de la fortune pour qu'ils puissent soutenir honorablement la « splendeur du nom » firent admettre jusqu'à la Révolution, dans les contrats de mariage des riches, des clauses de renonciation de la part des filles à tous droits dans les successions paternelle et maternelle. On les gratifiait en échange de quelques dons. En 1266 les titres de mariage de Béatrix de Bourgogne avec le comte de la Marche nous montrent la fiancée recevant, pour le

(1) Bouhier, *Œuvres I*, p. 182, art. XXIV.
(2) Bouhier, *Œuvres I*, p. 187, art. XIV.

fait de sa renonciation 20,000 livres tournois de son
frère (1). A défaut de renonciation expresse il suffisait
même que la jeune fille ait reçu un « mariage divis »
pour qu'elle fut définitivement écartée. Il en était ainsi
déjà, vers la fin du XIIIe siècle (2) et les compilateurs
de la coutume de 1459 confirmèrent cet état de choses.

Le « mariage divis » n'était pas autre chose que la
dot romaine qui avait fini par s'implanter en Bourgogne
et que nous constatons déjà à cette époque. Ces dots
étaient parfois considérables, les combinaisons politiques aidant, et dans le traité de mariage de Jeanne, fille
du comte de Bourgogne, avec l'un des fils du roi Philippe le Bel, la jeune femme apporte en dot à son royal
époux tout le comté de Bourgogne (3).

Dans les chartes du Moyen-Age nous ne trouvons aucune trace de ce « mariage divis ». C'est encore le fiancé
qui donne généreusement quelques-uns de ses biens à

(1) T. Pérard, *Recueil*, p. 513.

(2) Ch. Giraud, *Histoire du droit*, tome II. Coutumes et stilles...
De collacionibus. — « Filles mariées de père et de mère, et par mariage
divis, ne viennent point à succession de père ne de mère avec les
mâsles ou les hoirs des mâsles, se il ne leur fut réservé en elles mariant, qu'elles y peussent venir par rapportant ce qu'elles auront porté. » — « Li père ne puer rappeler sa fille, mariée de père et de mère,
qui aucune chose en aura porté pour son mariage, se il a fils qui doye
venir à sa succession se le dit père ne le fait par le consentement de
sondit fils. Car aultrement le rappel ne vaudrait. »

(3) Pérard, *Recueil*, p. 574, an. 1295 « .... verum, quoniam reges
Franciœ ut frequentius non consueverunt filios suos maritare, nisi
cum iidem filii cum uxoribus suis magnas baronias et magnos redditus
in dotem recipiunt, nos... totum comitatum nostrum, totam baroniam
et terram nostram.... damus et irrevocabiliter assignemus in dotem. »

celle qui doit être sa femme, et, s'il néglige ces dons,
l'Église ne consent pas à bénir son union. Au VIᵉ siècle
le concile d'Arles déclarait la « dos » obligatoire (1).
Dans les capitulaires, il n'y a pas de mariage, « sans
dot du mari ». C'est la dos germanique dans toute
sa pureté conférant à l'épouse des droits absolus et
irrévocables sur la propriété des biens qui en font
partie, meubles ou immeubles. Elle n'a pas encore
été supplantée par le douaire.

* *

Ce n'est qu'au IXᵉ siècle, dans les chartes de Cluny,
que nous constatons l'apparition du douaire à côté de
la « dos », le « dotalitium » à côté du « sponsalitium ».
Ces deux mots « dotalitium » et « sponsalitium » sont
employés souvent l'un pour l'autre mais le glossaire de
Du Cange le distingue nettement, l'un ne désignant pas
autre chose qu'une donation propter nuptias tandis que
l'autre, le dotalitium, est plus spécialement une garantie pour la veuve « vitæ provisio mulieribus in virorum
proprietatibus data ». Dans le cartulaire de Cluny nous
trouvons des sponsalitia et des dotalitia constitués très
distinctement par un fiancé à sa future, et si, vers la
fin du Moyen-Age, ces deux mots, désignant deux libéralités distinctes qui se sont confondues en une seule,

(1) Concile d'Arles en 525 : « Nullum sine dote fiat conjugium. » —
Concile de Trosli en 909 : « Decernimus ut nullas ocultas nuptias...
sed dotatam et a parentibus traditam... accipiat. » — Pothier, *Traité
du contrat de mariage*, nᵒ 346.

ont pu devenir synonymes, il n'en est pas moins certain qu'à l'origine il en était tout autrement.

Malgré son importance relative, la dos, devant laquelle, nous l'avons vu, le morgengab avait disparu
complètement, était encore insuffisante pour assurer à
la veuve dont la fortune personnelle était presque nulle,
une existence honorable, digne de celle qu'elle avait
eue pendant son mariage et digne du nom qu'elle portait. Il passa donc en coutume que si le fiancé devait
doter sa fiancée, le mari, de son côté, ne devait pas oublier de gratifier sa femme (1). Au cours du mariage,
peu de temps après les épousailles il consentait à son
épouse une donation beaucoup plus importante que ne
l'avait été la dos elle-même, mais qui n'était considérée que comme l'accessoire de la dot, la petite dot,
« dotalitium », l' « augmént de dot » des futurs pays
de droit écrit (2). Pour plus de sûreté on exigeait même
cette donation avant la célébration du mariage, aus-
sitôt après les fiançailles : Il était naturel que les parents s'inquiétassent de l'avenir de leur fille (3). Et sous

---

(1) « Sed quia et ratio postulat et consuetudo exquirit ut sponsus
sponsam et maritus uxorem dotare debeat. » — Cartulaire Cluny,
an 833, ch. 7.

(2) S. Jollivet, Thèse, Paris, 1879, tome III.

(3) Cart. Cluny, an 912, ch. 189 : Charta qua Ermengerius dat in
sponsalitio Dotanae, sponsae suae quasdem res in villa Vitriago et in
aliis locis. — « Dilectissima sponsa mea Dotano, ego Ermengerius, in
pro amore et bona voluntate, dono tibi aliquid de res meas que sunt
sitas in pago Matisconense, in agro Maciacens, in villa Vitriago ; in
primis oc est curtibus cum superposito, et vinea insimul tenente, qui

l'influence des mêmes idées de précaution, le dotalitium finit par être constitué pendant les fiançailles elles-

terminet de ambis latis et uno fronte Otber, et in alio fronte via publica ; infre istas terminaciones de ipso curtilo aspiciunt de la tercie par tercie par ad integrum tibi dono ; et dono tibi campo ubi vocant ad spinacies, qui terminet de uno latus terra sancti Petro, de alio latus terre Adrieno, in uno front via publica, et in alio front terre Bernar ; infre istos terminaciones parcione nostra ad integrum. Alia peciola est a Casania, que terminet de uno latus terre Petrono, de alio latus terre Rotbert, in uno front via publica et in alio front terre Rotbert. Alia peciola est ubi vocant Elmon, qui terminet de uno latus et uno front terre Ermengerio, de alio latus et uno front terre Rostanio : infre istas terminaciones, parcione mea, secundum legem mea gomboda in mergingiva ad integrum tibi dono ad integrum tibi dono ad abendum et facies quidquid facere volueris in omnibus. Si quis vero, si ego tu ipsus, aut ullus omo, aut ullus de eredibus meis temtare vel calumniare presumpserit, auri uncia I componet et ec donacio ista in te facta firma estabilis permaneat cum stipulacione supnixa. — Actum Crucilia, atrio sancti Maria, S. Ermengerio, qui donacione ista fieri et firmare rogaxit. S. Gisbal. S item Gisbal. S. Teutbran. S. Rotor. S. Ermengerio. S. Leutbal. »

Nous avons respecté dans ces chartes l'ortographe et les répétitions des textes.

Charta qua Ermengerius dat in dotalitio Dotanae, sponsae suae curtilum in villa Vitriago. — Charte 190 : « Dilectissima libellum dotis dulcissima adque multum amabile, ad me plurimum diligendum, sponsa mea Dotano, ego in dei nomen Ermengerius, propterea, propter consilium parentorum nostrorum vel amicorum nostrorum, tibi sponsavi, et si deum placuerit, ad legitimo conjugio sociare volo vel cupio ; pro ipsa amore dono tibi aliquid de res meas que sunt sitas in pago Matisconense, in agro Maciacens, in villa vitriago ; in primis oc est curtibus cum superposito et vinea insimul tenente, qui terminet de uno latus et ambis frontis terre Rotbert, et in alio front via publica ; infre istas terminaciones, de parcione sua tercie part, et de alias resmeas quicquid visus sum abere tan de alaudo, tan de conquisto, tercie par ad integrum tibi dono in dotalicio isto, et ec dotalio isto inte facto firmum permaneat cum tibulacione in omnibus. Si quis vero,

mêmes, en même temps qu'était donnée la dos (1). Sponsalitium et dotalitium 'étaient confondus en un seul
acte qui portait indifféremment l'un de ces deux noms
et ne fut bientôt plus désigné que sous le nom de dotalitium, devant l'importance beaucoup plus considérable
de cette dernière libéralité. Ce douaire, qui avait com-

si ego nos ipsi, ant ullus omo, ant ullus de eredibus nostris, dotalio
isto tentare vel calomniare presumpserit, auri libra I componet, et ec
dotalio isto in te facto firmum permaneat, cum slibulacione subnixa.
— « Actum Crucilia, atrio sancta Maria. S. Ermengerio, qui dotalis
isto fieri et firmare rogari. etc..... die Jovis, in mense aprilo an-
nos XV regnante Karlo rege. » — Cf. les chartes. 229 et 230 dont la
première est un sponsalitium et la seconde un dotalitium consentis
par un nommé Constancius à sa fiancée, Teuberge. an. 922.

(1) Cart. Cluny, an 944, ch. 659 : Charta qua Aimulfus dat Ermen-
gardi, uxori suae, in sponsalitio et in dotalitio aliquid de hereditaté
sua in monte Mercore. — « Derelinquit omo patrem aut matrem, et
aderebit sibi uxorem, et erumt duo in carne una, et quod Deus junxit,
omo non separet. » Dilecta atque multum amabilis sponsa mea, no-
miné Ermengardis, ego, igitur, in Dei nomen, Aimnulfus, sponsus
tuus, in pro amore et bona voluntate mea que contra te abeo, in pro
ipsa amore, dono tibi in esponsalicio aliquid de ereditate mea : est ipsa
ereditas in pago Vienense, in agro Eliosiacensi. in loco subtus Monte
Mercore, campi arativi, quarta parte tibi dono ; qui ternan ipse cambi
in uno latus via publica, in alio latus terra sancti Mauricei, in uno
fronte Monte Mercore, et in alio fronte Rodano volvente ; infra as fines
et terminaciones, una cum arboribus et omnem suprapositum, quartam partem tibi dono ; et dono tibi in dotalicio terciam partem de
quidcquid nos visi sumus aberé vel acquirere potuerimus ambo, et
facias de ipsas res quid volueris sicut lex mea commendet.... abendi,
vendendi, donandi seu liceat commutandi. Et si ego, aut ullus omo de
eredibus meis, qui contra ista donacione aliquid agerè vel inquietare
voluerit, non valeat vindicare, sed componat tibi auri uncia una ; et
inantea ista donacione in te facta firma permaneat, cum omni stipulacione subnixa...... anno VII regnante Conrado rege. »

pris d'abord quelques uns des héritages que possédait le fiancé lors de la donation, s'étendit bientôt jusqu'à porter sur une quotité de ceux qui pouvaient lui être advenus au jour de sa mort, comprenant ainsi les conquets du mariage eux-mêmes (1). Mais, en tant que portant sur cette dernière sorte de biens, il perdit rapidement le nom de douaire pour devenir la part de la femme dans la communauté des meubles et conquets immeubles.

Ordinairement du tiers (2) de la fortune du futur, parfois de la moitié (3), cette quotité appartenait à la veuve en toute propriété : « ... ad integrum tibi dono trado atque transfundo, ad legitimam potestatem et facias quidquid volueris in omnibus (4)... » C'était une donation de biens à venir faite avant la célébration du mariage et qui ne pouvait avoir d'effet que lors du prédécès du mari. Mais par le fait même, l'utilité de cette constitution immédiate en propriété disparut et le dotalitium originaire donné à l'épouse pour le cas de veuvage devint un simple gain de survie viager, une sorte d'usufruit conditionnel (5). Pour protéger ce « viage » éventuel contre ses propres dissipations, le

---

(1) *Cartulaire Cluny*, ch. 190, an 912, — ch. 229, an 922, etc.

(2) *Cluny*, ch. 190, an 912, — ch. 188, an 905, etc.

(3) *Cluny*, ch. 1,426. an 976 : « ..... de alias res meas qui a ipso curtilo aspiciunt... la una medietate totum, sponsa mea, tibi dono... »

(4) Expression que l'on trouve dans toutes les chartes de constitution de douaire.

(5) Le douaire donnait à la veuve beaucoup plus de droits qu'un simple usufruit n'aurait pu lui en donner.

mari devait « assigner » en garantie quelques-uns de ses immeubles, grevés dès lors d'une véritable rente foncière au profit de la veuve ; et c'est ainsi qu'en 1279, le duc de Bourgogne Robert II assigne le douaire de sa femme Agnès, fille de Saint Louis, sur ses châtellenies de Vergy, Montcenis, Beaumont, Colomne-sur-Saône, Bussy, Beaune, Nuits et Chalon (1).

Ces garanties suffisaient à la veuve et son existence était définitivement assurée lorsque ses parents, son mari ou elle-même avaient prévu un veuvage possible lors de la célébration des noces, et pris, contre cet événement, les précautions nécessaires.

Mais, lorsque rien n'avait été stipulé, la femme se trouvait dépourvue de tous droits. « Jadis femme n'avait douaire fors le convenancé au mariage », nous dit le vieux Loysel. Elle se trouvait donc dans une situation bien inférieure à la veuve burgonde qui avait sur la fortune de son mari un usufruit du tiers, et à la veuve franque qui pouvait réclamer cinquante sols d'or à la succession de son époux pré-

---

(1) Pérard, *Recueil*, p. 520 : A la mort de son mari Eudes III, duc de Bourgogne, sa veuve Alix de Vergy se retire dans le pays de Prenois qui lui avait été assigné pour son douaire : elle y faisait valoir deux charrues à bœufs et un troupeau de cinq cents moutons (vers l'année 1218). — Courtepée, *Description du duché de Bourgogne*, t. I, p. 137. — Cf. Bouhier, I, p. 360 : « ... C'est le mari qui assurait quelque chose à sa femme pour sa subsistance au cas qu'il vînt à mourir avant elle... Cela s'appelait dot suivant nos anciens auteurs, nom qu'elle a même encore conservé dans la coutume d'Angoulême ; l'acte qui en contenait la constitution s'appelait « dotalicium, dotalium », d'où « douaire ».

décédé. L'usufruit de la femme survivante avait disparu en Bourgogne quand avait cessé l'application des
lois personnelles. Le dotalitium était bien venu compenser cette perte, mais il devait être stipulé : il n'existait pas comme coutume générale. Ce fut pour remédier à cet inconvénient dont les autres provinces du
royaume aussi bien que la Bourgogne avaient à souffrir
qu'en 1214 Philippe-Auguste établit le douaire légal
sur la moitié des immeubles que le mari défunt possédait au jour du mariage.

Ce douaire légal ou coutumier suppléait le douaire
conventionnel, mais ne pouvait coexister avec lui, et si
le mari avait songé à gratifier sa femme, celle-ci ne
pouvait rien réclamer au-delà du montant de la libéralité dont elle devait jouir (1). La coutume de 1459 confirma cette règle admise déjà dans les coutumes locales
des XIIIe et XIVe siècles. Au XVe siècle, le douaire pouvait porter sur tous les biens du mari, fiefs ou franc-
alleux; mais il est probable que primitivement, alors
qu'il était impossible à la femme d'obtenir des terres
nobles dans la succession paternelle. ce « viage » de la
veuve ne pouvait porter sur les fiefs. Une remarque

(1) Cf. l'usufruit de la veuve burgonde qui ne lui est accordé,
d'après le Titre LXXIV de la « lex Gombada », qu'autant qu'elle n'a
reçu aucune autre libéralité de son mari ou de ses père et mère, et la
dos légale de 50 sols d'or de la loi ripuaire dont la veuve ne peut jouir
que sous une condition semblable. Il faut encore mentionner l'influence probable de la législation romaine et de l'édit de alter utro en
particulier, sur cette incompatibilité entre ces deux sortes de libéralités.

qui se trouve en note sous un des articles des « anciens stilles » de Bourgogne nous indique qu'il en fut ainsi très longtemps (1). C'était là une conséquence directe de ce principe qui empêchait les femmes de pouvoir succéder aux fiefs, et ce ne fut qu'après le développement de leurs droits successoraux que le douaire put être général.

Ce droit éventuel de l'épouse lui était acquis, dans le dernier état de notre ancien droit, du jour du mariage. Au XIIIᵉ siècle, il ne lui appartenait que dès l'instant de la consommation même de l'union conjugale. La femme gagnait son douaire au coucher. C'était l'antique idée du « pretium virginitatis » du « morgengab » du droit germain et de la loi burgonde qui s'était maintenue à travers les siècles. Au XIVᵉ siècle, cette règle est encore invoquée dans quelques cas d'après les protocoles des notaires ; mais elle disparaissait déjà, à cette époque, sous l'influence puissante de l'Église, aux yeux de laquelle l'acte même de la consommation du mariage ne pouvait pas avoir de telles conséquences.

*
* *

Le douaire viager du XIIIᵉ siècle avait transformé les droits éventuels de propriété de la femme sur une part

(1) Giraud, *Histoire du Droit*. T. II, au titre « de dotibus », la note (1) : « Ce héritage estait de fie, il semble, selon rayson, que la femme n'en sera pas douée. » — Une decrétale d'Innocent III déclare positivement qu'on ne peut grever le fief plus avant que la vie du vassal. — Décret IV, 20, cité par Laboulaye, *Condition de la femme*, p. 257.

des héritages que possédait son mari au jour des noces,
comme sur cette part des conquets de mariage qui lui
était réservée pour subvenir à ses besoins de veuve.
Sa participation comme propriétaire aux acquisitions
communes ne disparut pas par ce fait.

La loi burgonde, sous certaines conditions, réservait
à la veuve un usufruit légal (1). La loi Ripuaire lui permettait de reprendre sa « dos », son « morgengab » et
de plus « tertiam partem de omni re quam simul con-
laboraverint (2) ». Elle ne recueillait, sans doute, ces divers avantages qu'au cas de prédécès de son mari.
C'était là des gains de survie et non pas des droits de
copropriété dans une communauté de biens. Mais l'idée
de la femme *copropriétaire* allait se dégager peu à peu.

Ces droits de veuve sur les conquets du mariage ne
lui étaient reconnus qu'en considération des services que
l'épouse avait pu rendre à son mari, à titre de récom-
pense justement méritée. Dans les monuments divers
des siècles qui suivirent les invasions et la rédaction
des lois barbares, nous trouvons la femme sans cesse
aux côtés de son mari, dans tous les actes de leur vie
commune. Nous avons vu la Germaine de Tacite ac-

---

(1) Il ne peut pas plus être question de la dot dans cette disposition
de la loi burgonde, puisqu'il y est dit que si la femme se remarie elle
perd cette avantage tout en conservant sa dot, qu'il ne peut y être
question du droit de la femme sur les acquets du mariage, car il est
dit que cet usufruit porte sur tous les biens du mari, et non pas seulement sur les acquets. Il s'agit là d'un droit de succession.

(2) Titre XXVII, § 2.

compagner son époux jusqu'au milieu des périls du
combat : la femme du vassale, nous dira plus tard un
écrivain du Moyen-Age, doit s'en aller avec son cheva-
lier monter la garde au château du seigneur (1). L'é-
pouse, dépourvue, à l'origine, de tout bien personnel,
n'en devait être que plus étroitement unie à son mari.
C'était de lui seul qu'elle devait tout attendre ; et ses
légitimes espérances dûrent rarement être déçues dans
ces siècles où l'influence féminine sur la société un
peu rude du Moyen-Age contribua pour beaucoup à
former la belle époque de la Chevalerie. Le mari considérait sa femme comme un autre lui-même. L'Église
lui répétait, sans cesse, que cette compagne avait été
créée pour lui et que les deux époux devaient être unis
à jamais par les liens les plus sacrés et les plus étroits.
« Quia dominus dixit : non esset bonum ominem solum, faciamus ei adjutorium similem sibi ; propter hoc
dereliquit homo patrem et matrem et aderebit uxori sibi
et erunt duo in carne una ; quem deus conjunxit homo
non separet (2). » Le seul droit de la femme était le droit
au respect de tous les hommes et au dévouement de
son mari ; la violation de ce droit était une cause de
déshonneur pour le coupable. Ce fut de cette idée de
sollicitude maritale d'où découlèrent successivement les
gains de survie, le douaire et la communauté des biens
entre époux.

(1) Etablissements de Saint-Louis, livre 1, ch. 57
(2) Ces paroles se rencontrent dans toutes les chartes que nous
avons citées.

Des textes du VIe siècle nous montrent que, si la femme
n'avait pas encore une part effective et personnelle sur
les conquets du mariage, son mari, cependant, ne croyait
pas toujours possible d'en disposer sans son avis préalable, malgré son pouvoir absolu. En 579, deux époux font
en commun une donation à l'abbaye de Saint-Bénigne de
Dijon : « Donamus, donatumque esse volumus... quod
jam nos præsenti tempore possidere videmur (1)... »
Une autre charte de 632 nous rappelle un fait analogue (2). Dans d'autres textes nombreux nous voyons
les époux vendre, acquérir, donner ensemble (3). C'est
un état de choses semblable à celui qui pourrait exister
de nos jours sous le régime matrimonial sans communauté, entre deux époux dévoués l'un à l'autre et qui
n'agiraient jamais que sur leurs conseils réciproques (4).
Si l'un d'eux agit seul c'est du consentement de l'autre. Mais ce n'est pas encore la communauté de biens.
Dans les constitutions de douaire qui comprennent les
conquets, le mari s'exprime en ces termes : « ... et de
alias res *meas* quicquid visus sum abere tam de alaudo,

(1) Perard, p. 5.
(2) Perard, p. 5... « Donamus a die præsenti hoc est locella ali_
qua... et alia locella duo, una cum terris... assessisque omnibus quod
portio nostra est... tam de allodo patrum nostrorum, vel undecum_
que ad nos ibidem pervenit, aut inantea pervinere potest, mancipiis,
libertis... quicquid ibidem ab antea possidemus, aut in præsenti tempore possidere videmur. »
(3) Dans Perard, chartes des années 735, 761, 776, 816, 879. —
Cartulaire de Cluny, chartes 35, 51, 73, 144, 871, des années 889,
893, 901, 910 à 927, 934.
(4) Cf. « Laudatio Thuriæ. »

tam de conquisto tertie par ad integrum tibi dono (1). »
« Cedo tibi tertio porcione de omnes res *facultates
meas quas visus sum abere* aut deo omnipotentis ad-
jutorio conquirere aut laborare *potuero* (2). » C'est à
lui seul à qui appartiennent ces conquets, c'est lui seul
qui peut en disposer.

Mais, depuis que le douaire de la veuve porte sur une
part de ces conquets, une évolution rapide vers la
communauté de biens va considérablement angmenter
les droits de la femme. Le mari qui, dans les constitutions de douaire primitives, disposait de ses biens à lui,
« res meas », commence à parler en termes moins ex-
clusifs. Il rend justice à sa femme qui est bien pour
quelque chose dans ces acquisitions. « Dono tibi in
dotalitio tertiam partem de quicquid *nos visi sumus
abere* vel acquirere *potuerimus* ambo et facias ipsas res
quid volueris sicut lex mea commendet (3). » Il ne dit
plus, ici, que les conquets du mariage lui appartiennent à lui seul, mais il en dispose seul et en donne le

(1) *Cluny*, charte 189, année 912.
(2) *Cluny*, charte 88, année 985 et ch. 230, année 922. — Men-
tionnons cet article de l'ancienne coutume de Dijon : « Et se le-
diz mari ne fait point de douaire de certaine somme de pécune, li
femme haura la moitié des biens meubles et non meubles qui demourront dou mari : lesquels biens li femme tenra ni sa vie tant
seulement. Et aprez la mort de ladite femme tuit li bien qu'elle
tenait de sondit mari, repaiereront es hoirs de sondit mari. » (Art. 34.)
— Dans Bouhier, *Œuvres jurisprudence*, tome Ier, p. 193 : La femme
mariée, dans la coutume de Dijon ne fut admise au partage de la
communauté qu'en 1459.
(3) *Cluny*, ch. 659, année 944.

tiers à sa femme (1). Nous sommes vers le milieu du
X⁰ siècle.

La « collaboratio » de la loi Ripuaire s'est déjà développée dans le royaume franc, et certaines formules de
Marculf nous donnent la preuve de l'existence à peu
près certaine de la communauté conjugale, dans les
régions voisines de Paris, dès la fin du IX⁰ siècle. Un
capitulaire de Louis le Débonnaire, souvent cité, pourrait confirmer encore cette conjecture (2). De savants
auteurs, sans doute, ont contesté cette manière de voir,
en cherchant à démontrer qu'il n'y avait là qu'un gain
de survie ; mais l'opinion générale est aujourd'hui
contraire. Ces discussions n'en ont pas moins servi à
démontrer que, s'il est possible de reconnaître la communauté dans cette participation de la femme aux conquets sous Louis le Débonnaire, ils ne faut pas aveuglément prétendre qu'elle existait, alors, non seulement
dans la région parisienne mais encore dans tous ces
petits royaumes vassaux qui, en réalité, avait conservé
leur indépendance avec leurs coutumes originales. A
notre avis, la communauté ne devait pas résister en
Bourgogne au IX⁰ ni même au X⁰ siècle. Une charte de
Cluny de 937 nous montre cependant, dans un cas particulier, que la femme avait droit à une moitié des conquets dont elle pouvait disposer à son gré ; mais c'est
une exception dans ce volumineux cartulaire, et il ne

(1) Ch. 687, année 946.
(2) *Capitulaire de Louis le Débonnaire*, année 821.

faut voir, dans ce fait unique, que l'œuvre d'un mari
plus dévoué que les autres envers son épouse qu'il
associe entièrement aux gains du mariage (1). En 944,
et plus tard même, le douaire est encore donné en toute
propriété sur les conquets, et, nous l'avons dit, ce n'est
qu'alors que ce gain de survie n'appartient plus à la
femme qu'en usufruit qu'il est possible de distinguer
la communauté du douaire, l'une conférant les droits
de propriété sur les conquets du mariage, l'autre un
simple usufruit sur les propres du mari (2). C'est à peine
si l'on commence à distinguer ces deux institutions vers
le milieu du X⁰ siècle.

Il ne faut pas s'étonner, d'ailleurs, si l'on trouve dans
les chartes, des contradictions apparentes. L'apparition
de la communauté est un phénomène naturel du développement progressif des droits de la femme, et cette
évolution ne s'est pas produite d'une façon générale et
méthodique. Elle est le résultat de l'influence de l'Église
sur les mœurs de l'époque, influence qui ne pouvait
être la même sur tous les esprits et dont les mêmes résultats ne pouvaient pas se faire sentir partout à la
même époque. Ce sont les maris qui ont associé leurs
femmes aux bénéfices des acquisitions communes. Ils
l'ont fait progressivement. Au siècle dernier, le prési-

---

(1) *Cluny*, charte 476, p. 461.

(2) Cf. procès-verbal de la coutume de Blois. Coutumier général III,
p. 1047 sur l'article 182. Dans l'ancienne coutume de Blois les meubles
et conquets appartenaient en toute propriété et totalement à la veuve
noble survivante.

dent Bouhier défendait énergiquement cette idée que
nous adoptons, nous aussi, et qui se trouve établie sur de
nombreux textes. Ce savant jurisconsulte nous dit avoir
vu d'anciens contrats de mariage dans lesquels le fiancé
s'exprimait ainsi : « Je, ledit futur, ai voulu et consenti
que ladite N, ma future femme, soit associée et participante avec moi, par moitié, es biens meubles et acquets
que nous aurons et acquèrerons constant ledit mariage (1). » Dans cette ancienne coutume des pays dijon-
nais que nous rapporte Giraud, au § 8 du titre « De ac-
questibus », nous lisons : « Item, le mari mort, la femme
prend la moitié es mobles et es acquets de son mari... »
C'est, nettement exprimée, l'idée que les acquets appartenaient alors en toutes propriété au mari, et que la
coutume, à cette époque, en accordait une moitié à la
veuve. Les rédacteurs de la coutume de 1459 devaient
se servir plus tard de cette même expression : « Femme
mariée, au duché de Bourgogne, est participante avec
son mari, pour la moitié de tous meubles et acquets
faits constant le mariage de son dit mari et d'elle (2). »
Il y a une différence qui ne peut être niée entre cette expression et celle-ci, employée plus ordinairement par
les rédacteurs des autres coutumes : « Mari et femme
sont communs en biens... » C'est peut-être encore une

_____

(1) Bouhier II, p. 1028. « C'est une portion qui a été donnée gratui-
tement à la femme par un consentement tacite des maris qui souvent
même avaient soin de s'en faire honneur dans les contrats de mariage. » Il cite un contrat de l'année 1421.
(2) Art. 21.

preuve que la communauté a été plus longue à s'introduire en Bourgogne que partout ailleurs.

Au Xe siècle, dans les chartes de Cluny, le douaire
sur les conquets est général ; il est rarement donné en
usufruit et la communauté est exceptionnelle.

Ce n'est qu'au cours des XIe et XIIe siècles, à mesure du développement des droits successoraux de la
fille que le douaire devient simple « viage ». Tout en
assurant l'existence de leurs veuves, les maris veulent
conserver à leurs enfants l'héritage des ancêtres. La
veuve n'aura donc plus que la jouissance de ces héritages. Mais cette raison, la conservation du patrimoine
familial, n'existe pas pour les conquets du mariage,
fruits de la collaboration des époux, du travail de l'homme encouragé et aidé par le travail de sa femme. L'é-
pouse conservera donc en toute propriété la part de ces
conquets que les usages lui donnent. « Uxore ducta,
ipsa habet medietatem in bonis meis, et ego in suis me
vivo (1). » « Le mari mort, la femme prend la moictié
es mœbles et ez acquetz de son mari et emporte cette
moictié à tousiours mais et sur laultre moictié elle ne
puer prendre ne avoir douhaire, et pour celle moictié
qu'elle emporte elle est tenue de paier la moictié de
tous le debtz que son mari devait au jors de son trépassement, et aussi la moictié de toutes plaigeries fetes par
son mari (2). »

---

(1) *Anciennes coutumes*, art. 57, dans Bouhier, I, p. 183.
(2) Giraud, *Anciennes coutumes*, art. 8.

C'est la communauté de meubles et de conquets immeubles, généralement admise au XIII⁰ siècle dans la plupart des pays de coutumes, et non pas cette communauté
de tous biens qui devait s'implanter en certains pays,
en Alsace, en Suisse, en Hollande. Quelques régions,
cependant, furent assez longtemps réfractaires à ce nouvel état de choses. Dans notre duché de Bourgogne,
entre autres, avant la rédaction de la coutume de 1459,
qui, à quelques exceptions près, rendit uniforme la législation dans le ressort du parlement de Dijon, certaines
contrées isolées, certaines villes n'admirent pas la participation de la femme aux conquets du mariage. « Item
à Dijon, et en plusieurs autres lieux de Bourgoingne,
la femme ne prend rien est acquetz de son mari faiz
durant leur mariage, es lieux ou ladite coutume à
lieu... (1). »

C'est donc bien lentement que la communauté conjugale a pu se développer et s'étendre dans toute la
région du nord de la France, sous des influences multiples qui finirent par avoir raison des coutumes locales
dont les institutions vagues et mal définies ne reposaient
que sur la tradition et les mœurs, mais qui jamais ne
purent se faire sentir dans ces pays du Midi où la législation romaine était si fortement établie et suivie si
scrupuleusement.

Cette communauté d'acquets ne comprenait que les
meubles qui appartenaient aux époux lors du mariage,

_____

(1) Giraud, *Anciennes coutumes*, art. 11,

et les meules et immeubles ou « conquets », acquis
pendant l'union conjugale grâce à l'industrie de chacun
d'eux. Les propres étaient sagement exclus de l'association. Il était indispensable que la femme, étrangère à
l'administration, eut un fonds de réserve pour les mau-
vais jours, un patrimoine à elle qu'elle put préserver des spéculations aventureuses de son mari et trans-
mettre intact à ses enfants. A côté de la communauté
universelle, qui sacrifiait tous les droits de l'épouse sans
lui donner le moyen de parer à sa ruine, notre communauté d'acquets était le résultat naturel qui devait être
atteint sous l'influence des idées d'adoucissement du
sort de la femme.

Les droits éventuels de l'épouse au partage des biens
communs lui appartenaient, à l'origine, au même instant que ses droits éventuels à son douaire de veuve,
c'est-à-dire dès la consommation du mariage ; mais ses
droits de femme commune ne pouvaient être exercés
qu'après la dissolution de l'union conjugale. Tous les
biens communs étaient à la pleine disposition du mari,
chef de la Communauté. Il pouvait les dissiper à son gré,
sa femme n'avait rien à lui reprocher : il n'y avait pas
si longtemps qu'elle n'avait aucun droit sur ces conquets, et si les usages lui en assuraient, alors, une part,
ce ne pouvait être que sous la condition qu'il en restat
encore à la mort du mari.

Bien mieux, elle était, à cette époque, nécessairement
commune et, comme telle, tenue des dettes contractées
par son époux jusque sur ses biens propres. Elle devait

supporter les mauvaises chances comme elle était appelée à profiter des bonnes. C'était l'union parfaite entre
époux dans laquelle les intérêts de la femme étaient entièrement confiés à la bonne foi de son mari, et où il
n'était pas permis à l'épouse de profiter des gains probables sans courir les chances des pertes possibles que
l'administration maritale la plus sage ne pouvait souvent
pas éviter.

Mais il ne devait pas en être ainsi bien longtemps. Il
était impossible de laisser le mari, prodigue ou mal
intentionné, compromettre la fortune personnelle de
son épouse, et, de bonne heure, on permit a celle-ci de
renoncer aux avantages d'une communauté qui pouvaient entraîner avec eux des charges aussi écrasantes.
« Item, la femme prend son douaire tout franc sans
paier aucune chose des dettes de son mari, se elle ne
s'entremet des mobles ; et se elle se descinet sur la
fasse de son dit mari, elle renunce à tous mobles et
acquets et ne emporte que son douhaire tant seulement (1). »

On alla même plus loin encore. Peu à peu, on reconnut à la femme le droit de demander la dissolution immédiate de la communauté en cas de mauvaise administration du mari. Si le « mariage » ou « dot » qu'elle
avait reçu lors de son union était mis en péril par les
prodigalités ou la malchance de son époux, si celui-ci
se livrait sur les biens communs, sur les revenus des

_____

(1) Giraud, *Anciennes coutumes*, art. 3.

propres de sa femme à des dépenses exagérées, et pour d'autres causes multiples qui n'étaient pas exactement définies l'épouse pouvait réclamer la séparation de biens. Elle sauvait au moins sa dot, et, dans l'avenir, les revenus de ses propres et les fruits de son industrie personnelle.

Mais ce ne fut qu'au XVe siècle que se développa cet important privilège, vers l'époque de la rédaction officielle de la coutume de Bourgogne, sous l'influence du droit romain et des principes appliqués dans cette législation aux sociétés de biens.

Les Jurisconsultes de cette époque, tout imbus des idées romaines, ne voient plus en la communauté conjugale qu'une association de biens particulière entre époux. L'idée primitive toute intime et bienveillante de la « collaboratio » que le dévouement du mari envers sa femme avait seul développée disparut dans la presque totalité du royaume devant l'idée romaine égoïste et rigide d'une association réglée dans ses détails, lors du mariage, par la volonté expresse on tacite des deux parties. Le mari aura ses droits, mais aussi ses devoirs, et, s'il néglige ces derniers, la femme pourra réclamer la dissolution de cette société contre cet associé qui viole ses engagements solennels. « Nulla societatis in alternum coitio est (1). » Quant aux personnes seules, la société conjugale est indissoluble.

Le mari n'est plus qu'un associé, le chef de l'union ;

_____

(1) Loi 70, Pro Socio, 17-2.

les principes s'opposent à ce qu'il puisse agir en fraude
des droits de son associée, et des garanties nombreuses
sont successivement admises en faveur de la femme, au
cours des XVe et XVIe siècles.

Dans cette communauté de meubles et de conquets
définitivement établie au XIIIe siècle, les jurisconsultes
des siècles suivants distinguèrent trois patrimoines : le
patrimoine commun, et les deux autres propres à chacun des époux.

Pendant longtemps, au cas de vente d'un bien appartenant en particulier à la femme ou au mari, le montant du prix tombait tout naturellement dans la communauté. Il y avait là une anomalie. Ces sortes de vente
étaient, sans doute, assez rares à cette époque. On ne
se dépouillait de ses biens et surtout de ses terres que
forcé par la nécessité, et, lorsque l'un des époux procé-
dait à la vente d'un de ses immeubles, on interprétait
cet acte comme un dépouillement volontaire en faveur
de la communauté. Mais, en réalité, le vendeur éprou-
vait par là une lésion sérieuse, et, sous une telle coutume, rien n'était plus facile aux maris que d'abuser de
leur ascendant légitime pour tromper et dépouiller leurs
femmes. Ce fut donc dans un but de protection des intérêts de l'épouse et de répartition équitable des seuls
profits communs que fut admis le système des récompenses.

Sous l'influence des mêmes idées romaines de précaution et de défiance on avait déjà interdit, entre les
époux, les donations entre vifs.

Nous avons remarqué que, sous l'empire de la loi Gombette, ces sortes de libéralités, qu'elles aient été faites entre vifs ou sous forme de dispositions testamentaires, étaient fréquentes. Dans les chartes du Moyen-Age, nous voyons les époux se dépouiller l'un envers l'autre de la presque totalité de leurs biens personnels (1).

Avec la renaissance des idées romaines, cette liberté des dons entre époux fut considérablement entravée au duché de Bourgogne, sans cependant être supprimée complétement comme dans la plupart des autres provinces. « Maritus, constante matrimonio, nihil potest dare uxori. Confessio facta constante matrimonio inter virum et uxorem non valet, non prodest alieni ipsorum (2). »

La coutume de 1459 admit, elle aussi, sous des conditions précises les donations entre époux. Avec le consentement de leurs plus proches parents successibles ils peuvent faire toutes libéralités qu'il leur plait: en l'absence de ce consentement cette faculté leur est interdite d'une façon absolue, s'il n'y a pas eu réserve spécial en ce sens, dans le contrat de mariage (3).

La communauté conjugale avait donc changé de caractère. De conséquence nécessaire de l'union intime des époux, elle était devenu un état de société réglé avant

---

(1) *Cartulaire de Cluny*, Chartes 75, année 902; 96, année 908; 197, année 914; 454, année 936; 1101, année 961; 1137, année 962, etc.
(2) *Ancienne coutume latine*, art. 96, Bouhier, I, p. 185.
(3) Art. 26. Cf. plus loin. Deuxième partie, chapitre III.

le mariage. Elle n'était plus obligatoire ; elle était devenue
un régime matrimonial qui pouvait être modifié au gré
des parties contractantes par des clauses diverses qui
devinrent successivement d'un usage constant dans les
contrats de mariage, et dont nous retrouvons encore la
plupart, dans notre législation moderne. Avec le développement des fortunes, et l'admission des femmes aux
successions des ancêtres apparurent les clauses d'apport,
d'ameublissement, de stipulation de propres, de séparation des dettes qui tendaient à équilibrer les fortunes personnelles des époux. Avec l'introduction du système des
récompenses devaient apparaître les clauses de forfait de
communauté, d'attribution de parts inégales, de préciput, de reprise d'apport franc et quitte, puis l'exclusion
de communauté, et la séparation de biens conventionnelle par imitation de la séparation de biens judiciaire.

*
* *

Sous la même inspiration romaine, à la suite du développement de cette idée de société appliquée à la
communauté conjugale, l' « autorisation maritale » va
apparaître.

La loi Gombette nous offre la première affirmation
de cette puissance du mari sur la personne et les biens
de sa femme (1). Mais la « potestas » burgonde dont
nous avons expliqué le caractère élevé, va subir l'influence des mœurs chrétiennes, et le droit canonique

_____

(1) Gombette, T. C.

va développer ce préjugé d'infériorité de la femme que nous trouvons particulièrement exprimé dans le décret de Gratien.

Au Moyen-Age, on reconnaît au mari un véritable pouvoir de correction domestique dont Beaumanoir, au XIIIe siècle, devait en ces termes nous donner la formule : « En plusieurs cas peuvent les hommes être excusés des griefs qu'ils font à leur femme, ni ne s'en doit la justice entre mettre, car il loit (licet) bien à l'homme à battre sa femme sans mort et sans methaing quand elle le meffait, si comme quand elle est en voie de faire folie de son corps, ou quand elle dément son mari, ou maudit, ou quand elle ne veut obéir à ses raisonnables commandements que prude femme doit faire ; en tout tels cas et en semblables, est-il bien mestier que le mari châtie sa femme raisonnablement (1). » C'est une simple idée de discipline intérieure dans laquelle il n'y a rien de déshonorant pour l'épouse, c'est une prérogative nécessaire au mari chef dans ce petit état que forme la famille. La femme subordonnée ne fait rien sans son mari. C'est un besoin pour elle de demander et de suivre les conseils de son « seigneur » qui, lui, de son côté, ne néglige pas les avis de sa femme, et, du VIe au XIIe siècle, les époux agissent presque toujours ensemble : « consentiente uxore sua (2) », « consentiente viro suo (3). »

(1) Titre 57, *Ancienne coutume de Paris*, art. 107.
(2) *Cluny*, charte 564 de 950 et charte 871 et de 954, etc.
(3) *Cluny*, charte 99 de 908 et ch. 1192 de 965, etc.

Ce n'est pas encore l'autorisation maritale. Mais, avec le développement de la communauté au XIIIe siècle, nous allons constater une affirmation plus sérieuse de l'autorité du mari.

« Item, femme mariée ne puet en cause pendant ne dappeaul faire aucune accion ou poursuyte, sans l'auctorité de son mari, ne aussi soy deffendre sans l'auctorité dessus dite, · si elle n'est auctorisée de son mari (1). » « Le mari puet faire sa voulentes des biens de sa femme sans son consentement, durant le mariage et non plus : et puet li maris playdoyers sur saisine et possession des choses appartenant à sa femme sans lui (2). »

La femme ne peut donc rien faire contre l'autorité de son mari, et, s'il lui arrive de négliger cette approbation, l'intéressé seul, le mari, peut s'en plaindre. Approuvée par lui elle jouit d'une capacité pleine et entière : elle engage alors la communauté comme ses biens personnels ; et, si le mari se trouve être absent ou incapable elle peut agir seule, car c'est elle-même qui, dans ce cas, est le véritable chef de famille et gouverne la maison.

Les principes romains allaient apporter quelques modifications à cet état de choses. Il était utile de protéger la femme contre les abus d'autorité possibles de la part de son mari, et tout un système de précautions devait naître en sa faveur du sénatus-consulte Vélleien et

---

(1) Giraud, *Ancienne coutume*, art. 79.
(2) *Ancienne coutume*, Géraud, art. 16.

des différentes lois romaines sur la protection des femmes mariées.

Le sénatus-consulte Vélleien, après les modifications que Justinien lui eut fait subir, décidait que l'intercession de la femme mariée en faveur de son mari était toujours nulle de nullité absolue et qu'il était impossible à celle qu'il protégeait ainsi, malgré elle, de renoncer au bénéfice de cette nullité. C'était le développement d'une idée de protection pour la femme plutôt que d'une idée de défiance à son égard ; et ce fut dans le but de garantir la fortune personnelle de l'épouse et de préserver celle-ci d'un désintéressement souvent peu raisonné qu'il fut introduit et resta en vigueur jusqu'à la Révolution, dans le midi de la France, d'où il s'étendit de bonne heure, dans les provinces du Nord, et en particulier en Bourgogne. Mais cette protection exagérée de l'épouse, en parfait accord avec le régime matrimonial des provinces du midi, était en contradiction absolue avec les principes de la communauté des biens. Aussi, en même temps qu'elle apparaissait dans notre duché de Bourgogne, les jurisconsultes reconnaissaient aux femmes la liberté complète de renoncer à cet avantage, si contraire aux idées de dévouement et de confiance réciproque qui animaient les époux au XIIIe siècle. Dès 1273, nous constatons des renonciations de ce genre (1). En 1274, Emeline, femme de Vallet de Mailly, renonce au Vélleien « omni auxilio Juris Canonici et

(1) Perard, *Recueil de plusieurs pièces curieuses*, p. 526.

civilis consuetudinis et facti et omnibus Juribus in fa-
vorem mulierium introductis (1) ». En 1280, la dame de
Longwic, qui s'était engagée avec son mari et pour lui,
renonce : « par dit sairement à toz droiz et a tote cos-
tume qui nos poirient aidier à venir contre la tenor de
ces lettres, et espécialement nos ladite dame au droit
qui dit que fame ne se puet obligier por autruy (2). »
Une charte de 1302 s'exprime en ces termes : « ... et
toutes les choses dessus dites et une chacune, je con-
tesson de Genove, femme doudit monseignor Jehan,
seinghor de Mireboul, de ma bonne volonté et sans co-
hercion nulle, dou commandement et l'autorité dondit
Monseigneur Jehans mon mari, lou veul et attrois et
approvois... et renonçons en ce fait à certaine science
et per notre sairement... à toutes grâces et privilèges
qui sont autroiiés en favor des femmes, à la loi Julie
dous fons de doaire non aliéner et à la loi dou saige
Voleyen ; à toute hayde de droit canon et de lois, et à
toutes exceptions, droits, raisons, allégations, deffen-
sions de fait et de droit et autres queles queles
soient... (3). »

De ces renonciations particulières qui se manifes-
taient dans certains cas isolés on en vint rapidement à
des renonciations consenties dans les contrats de mariage mêmes. Ce fut l'objet d'une clause qui devint de

(1) Perard, p. 526.
(2) Perard, p. 550.
(3) Plancher, *Histoire de Bourgogne*, Dijon, 1739, tome II, preuves nᵒ 162.

style au point de se sous entendre bien souvent, au cours des XVe et XVIe siècles. La communion intime d'intérêts et de sentiments qui existait entre les époux, sous le régime de la communauté, avait eu raison de cette marque de défiance envers le mari, et pleine liberté était laissée à l'épouse de consacrer sa fortune personnelle à sauver l'honneur de son mari malheureux.

Mais ces idées de protection exagérée de la femme mariée que le Vélleien n'avait pu faire admettre dans les provinces coutumières devaient, néanmoins, modifier complètement le caractère des relations entre époux, sous le régime de la communauté de biens. Pendant longtemps la femme qui ne pouvait obtenir l'autorisation de son mari était incapable d'agir, et aucun recours ne lui était donné contre le despotisme marital. C'était parfait lorsque l'union des époux se trouvait être assez étroite pour que leurs intérêts particuliers soient confondus dans un même souci de l'intérêt des enfants. Mais, à mesure que se développaient les fortunes particulières des filles et que leurs dots augmentaient de valeur, à mesure du développement des biens mobiliers qui ne comptaient pour rien au Moyen-Age, les intérêts de chacun des époux devenant plus considérables, et, par le fait, les motifs de désunion plus fréquents, les maris étaient souvent tentés d'augmenter leur fortune personnelle aux dépens des droits légitimes de leurs femmes.

Nous avons vu déjà les diverses protections qui avaient été admises en faveur de ces dernières. Contre les refus

d'autorisation, on leur accorda de recourir à la justice
royale et de se faire autoriser par elle, malgré l'opposi-
tion injuste de leurs maris.

L'autorisation maritale tendait, en même temps, à
devenir formaliste. Ses conséquences, de la plus haute
importance pour les tiers, exigeaient qu'elle soit exprimée en·termes non équivoques à peine de nullité absolue pour les actes de la femme.

*
* *

Au milieu du XVe siècle, à la veille de la rédaction
officielle de la coutume du duché de Bourgogne, nous
trouvons donc définitivement constituées, dans leurs
grandes lignes, les principales institutions du droit des
gens mariés, telles qu'elles devaient se maintenir jusqu'au siècle dernier. La dot romaine est d'un usage
journalier sous le nom de « mariage divis ». La communauté de meubles et de conquets, qui s'est formée lentement par suite de la rencontre des idées chrétiennes
avec les principes relativement élevés des peuples germains établis en Gaule, a déjà subi des déviations sous
l'influence des idées romaines, et n'est plus qu'un régime matrimonial sous le nom duquel les associations
conjugales les plus diverses peuvent être réglées par les
parties intéressées.

Le douaire, qui lui a donné naissance, a revêtu son
caractère définitif. C'est une sorte d'usufruit qui doit
permettre à la veuve de continuer dignement l'existence
aisée que son mari lui avait procurée.

L'autorisation maritale est en pleine voie de formation. La liberté des dons entre époux, complètement
supprimée dans la plupart des autres provinces a été
considérablement réduite dans le duché de Bourgogne.
Des protections spéciales pour l'épouse ont été successivement établies ; mais le Velleien, grâce à cette
clause de renonciation à tous ses bénéfices insérée dans
les contrats de mariage, a perdu toute son utilité ; et
l'hypothèque légale de la femme mariée, dont l'utilité
ne s'était pas encore fait sentir, allait se développer
bientôt, en même temps qu'allait être organisé le système des récompenses.

Toutes ces institutions étaient le résultat de la fusion
des principes germaniques et des principes chrétiens
sur le droit des gens mariés auxquels s'étaient mêlées,
depuis le XIIe siècle, quelques idées romaines, qui,
peut-être, auraient fini par s'imposer au Nord de la
France comme elles s'étaient déjà imposées aux provinces du Midi, si la rédaction officielle des coutumes
n'était venu fixer les usages locaux du XVe siècle et
arrêter, par le fait, cette lente infiltration, en conservant leurs institutions originales à la plus grande partie
de nos anciennes provinces.

CHAPITRE II

RÉDACTION DE LA « COUTUME GÉNÉRALE » DU DUCHÉ DE BOURGOGNE

—

« Comme on alléguait souvent, dans les procès, des coutumes et usages sur lesquels on appointait les parties à faire preuves, et que ces preuves variaient et causaient de l'incertitude dans les Jugements, les États de la province recoururent à Philippe le Bon, duc et comte de Bourgogne, pour procéder à la reconnaissance de ces coutumes, les rédiger par écrit et les autoriser (1). »

Trois ans après la grande ordonnance de Montils-les-Tours (2), le premier des grands vassaux de Charles VII,

---

(1) Dunod, *Observations sur la coutume du comté de Bourgogne*, avertissement.

(2) Par l'Ordonnance de Montils-les-Tours 1453, Charles VII exprimait sa volonté de voir promptement les usages locaux s'uniformiser, dans chacune des provinces du royaume, et fixés définitivement par un texte officiel. Mais il ne semble pas qu'il ait été promptement obéi ; et Charles VIII en 1493, Louis XII en 1505 durent renouveler cet ordre et imposer leurs volontés qui l'emportèrent, non sans peine, sur la routine des magistrats et des hommes de loi.

Philippe le Bon, réunit auprès de lui les plus célèbres
jurisconsultes bourguignons et leur ordonna de compi-
ler les coutumes traditionnelles suivies jusqu'alors dans
les diverses seigneuries et villes libres de ses États, et
d'élaborer un projet de coutume générale applicable
à toute la Bourgogne. Ce travail long et difficile fut assez négligé, au dire du président Bouhier, mais il abou-
tit néanmoins à la promulgation officielle de deux textes généraux, l'un pour le comté, l'autre pour le duché
de Bourgogne, qui, jusqu'à la fin du siècle dernier,
restèrent les lois écrites de ces deux provinces. La coutume du duché de Bourgogne fut promulguée à Bru-
xelles le 26 août 1459. Elle devait s'appliquer à cette
province toute entière et s'étendre en outre, aux comtés de Charolais, aux terres d'outre Saône et du ressort
de l'ancien parlement de Saint-Laurent-lès-Châlons « où
l'on n'usait point de droit écrit (1) ». Au moment de la
Révolution elle régissait un territoire étendu divisé en
cinq grands bailliages, sous-divisés eux-mêmes en plusieurs autres, savoir :

Le bailliage d'Auxois avec ceux de Semur, Arnay-le-
Duc, Saulieu, Avallon et le comté de Noyers ;

Le bailliage de la Montagne ou de Chatillon-sur-Sei-
ne avec Arc-en-Barrois ;

Le bailliage de Dijon avec ceux d'Auxonne, de Saint-
Jean-de-Losne, de Nuits et Beaune ;

---

(1) Lettres patentes de Philippe le Bon autorisant la rédaction de
la coutume de Bourgogne.

Le bailliage d'Autun avec ceux de Montcenis, Bourbon-Lancy, Semur-en-Brionnais et le comté de Charolais ;

Le bailliage de Châlon-sur-Saône avec la Bresse-Châlonnaise.

Un petit canton, où le droit écrit était en pleine vigueur, se trouvait isolé dans cette vaste étendue de territoires soumis au droit coutumier. Il comprenait les villes de Cuiseaux, Cuisery, Louhans, Brancion et Sagy, les villages et hameaux voisins situés entre la rivière Thénarre et la Seille que l'on dit être « terres de contremarque », et avoir été échangées contre la Tour-du-Pin, en Dauphiné, par Louise de Savoie.

Le ressort du parlement de Bourgogne, établi à Dijon en 1478 par Charles le Téméraire pour remplacer, par une cour de justice permanente, les anciennes cours judiciaires des premiers ducs connues sous le nom des grands Jours de Beaune, s'étendait, en outre, sur plusieurs petites provinces voisines régies par le droit écrit telles que la Bresse, le Bugey, le Valromey et le pays de Gex. Les comtés de Mâconnais, d'Auxerre et de Bar-sur-Seine, rattachés administrativement à la province de Bourgogne, ressortissaient au point de vue judiciaire du parlement de Paris.

*
* *

Le duché de Bourgogne était un pays coutumier. Joignant les pays le droit écrit et comprenant même quelques cantons où le droit romain s'était établi et maintenu on ne sait trop comment, cette province eut, plus que tout autre peut-être, à défendre ses vieilles coutumes contre l'influence des idées romaines. De même que dans tous les autres pays du Nord, deux écoles de jurisconsultes s'y trouvaient en présence : l'une tenant à faire de notre duché un pays le droit écrit où le droit romain devrait être admis, en règle générale, lorsqu'aucun article de la coutume ne prévoyait d'une façon expresse la difficulté à résoudre ; et l'autre, voulant au contraire que les cas difficiles soient résolus par analogie avec les coutumes voisines et la coutume de Paris, n'acceptant le recours à la législation romaine que devant l'impossibilité absolue de trouver une solution équitable dans les principes du droit coutumier (1). Le président Bouhier appartenait à la première école, et, dans ses nombreux ouvrages, il n'a jamais manqué d'affirmer que le duché de Bourgogne était bien pays de droit écrit. Un de ses principaux arguments était un passage de l'approbation par Philippe le Bon de la coutume de 1459 (2) : « ... Se aucun cas advenaient, qui ne fussent compris esdites coutumes par nous approuvées, comme dit est, ou que par icelles ne se puissent décider, nous voulons et ordonnons qu'on y procède et qu'on n'y fasse selon disposition de Droit Ecrit, tant en nosdit duché de Bourgogne, comté

---

(1) Du Moulin était un des principaux défenseur de cette seconde théorie.

(2) Dans les *Œuvres du président Bouhier*, tome I, p. 25.

de Charolais comme en nosdites terres d'outre Saône et ressort de Saint-Laurent. »

Ce texte semblait devoir entraîner tous les jurisconsultes et rendre impossible toute discussion sur ce point. Mais l'élasticité de la législation d'alors et le grand rôle que jouaient dans les procès les décisions de la Jurisprudence et l'opinion des plus illustres magistrats autorisèrent, avec raison, le recours aux coutumes voisines et à la coutume de Paris plutôt qu'aux décisions des lois romaines, moins en rapport, dans beaucoup de cas, avec les principes sur lesquels reposait la société de l'ancien régime. On ne recourait, toutefois, aux législations voisines que lorsqu'il était impossible de trouver dans les textes bourguignons une solution suffisante. La coutume était essentiellement territoriale quant aux biens et personnelle quant aux personnes (1). Tout bourguignon, en dehors de son pays, se réclamait des coutumes de Bourgogne ; et les étrangers qui possédaient des terres dans cette province ne pouvaient en disposer suivant leurs lois personnelles. Les difficultés inhérentes à l'application de ces principes donnèrent naissance à de nombreuses discussions et à de savantes études qui sont aujourd'hui, pour les érudits modernes, les plus précieux documents de cette science si difficile du droit international privé.

Dans cette multiplicité de coutumes, une question qui

_____

(1) *Œuvres du président Bouhier*, tome I, des chapitres XXI au chapitre XXXVI.

se posait journellement était, entre toutes, difficile à
résoudre : celle de savoir quelle serait la coutume qui
devrait régler le mariage et les suites du mariage entre
habitants de province différente, lorsqu'aucune clause
du contrat n'indiquait, sur ce point, la volonté des
parties.

Nous ne voulons pas entrer dans les détails de cette
question qui préoccupait au premier chef les jurisconsultes anciens. Nous dirons seulement qu'on s'entendait
ordinairement en Bourgogne pour décider qu'il fallait
appliquer aux époux la loi du domicile du mari (1).

Trois catégories de « gens mariés » étaient donc
soumises à la coutumes du duché de Bourgogne :

— Les Bourguignons qui se mariaient dans leurs
provinces, avec ou sans contrat de mariage.

— Les personnes étrangères qui se réclamaient de
notre coutume ;

— Les mariages, enfin, contractés entre un Bourguignon et une femme étrangère, en l'absence de
clause spéciale du contrat relative à la question qui
nous occupe, étaient régis par le droit coutumier du
duché de Bourgogne.

---

(1) *Cahier de réformation de la coutume.* OEuvres de Bouhier,
pages 82 et 85, tome I : Art. 147 : « Et a lieu cette coutume en tous
mariages qui seront faits entre gens résidant audit duché, ores qu'ils
fussent faits et accordés hors icelui ; pourvu que le mari, au temps du
traité, fît sa résidence audit duché. » Art. 195 : « Encore que la femme
fut mariée hors du duché, toutefois, si elle est menée au domicile du
mari résidant en Bourgogne, elle sera réputée mariée selon ladite coutume, et douera sur les anciens dudit mari, comme si le traité de mariage y eut été fait et passé. »

* *

Nous avons essayé, dans la première partie de cette
étude, de rechercher les origines des institutions du
droit des gens mariés bourguignon et d'en suivre les
transformations successives sous les influences diverses
que nous avons signalées. Dans une seconde partie,
nous examinerons les caractères originaux de ces institutions dans le dernier état de notre ancien droit coutumier (1).

(1) La coutume du duché de Bourgogne, la première de toutes les
coutumes provinciales qui ait été rédigée officiellement n'a jamais été
réformée dans son ensemble. Il y eut cependant une tentative en ce
sens, après une délibération des gens des trois états du mois de
mai 1560, réclamant du roi la nomination de commissaires chargés
de préparer cette réforme. Des cahiers furent dressés dans ce but et
nous ont été conservés ; mais cette réformation traîna en longueur,
au milieu des luttes sanglantes occasionnées par les guerres de religion, et se réduisit à quelques modifications du chapître des successions. — Les travaux des Jurisconsultes qui ont travaillé à cette œuvre n'en eurent pas moins une importance considérable pour l'interprétation des divers articles de la vieille coutume de 1459. « Quoique
ces cahiers, nous dit le président Bouhier, n'aient jamais été approuvés,
ni par le roi, ni par les états de la province, ni par le parlement, leur
autorité n'a pas laissé d'entraîner quelques uns des commentateurs
de notre coutume... Comme ils ont été formés la plupart sur les arrêts
de la Cour et sur la pratique notoire du pays, par des personnes qui
en étaient pleinement instruites, ils ont toujours été d'un grand poids
comme on peut le voir par ce que j'en ai dit. » (II, p. 1044).

TITRE II

LES INSTITUTIONS DU DROIT DES GENS MARIÉS AU DUCHÉ DE BOURGOGNE DANS LE DERNIER ÉTAT DE LA LÉGISLATION COUTUMIÈRE

———

Sous le titre IV « des droits et appartenances à gens mariés et de la communion d'iceux », notre Coutume règle les rapports entre mari et femme et détermine, avec les droits respectifs de chacun des époux, les conséquences d'une dissolution de la communauté conjugale. Tout ce qui se rapporte au droit des gens mariés ne se trouve pas réuni dans ce seul chapitre. Quelques articles des titres VI et VII « des successions » et « des enfants de plusieurs lits », viennent ajouter de nombreux préceptes à ceux précédemment énoncés, sans régler toutefois, dans leur ensemble, tous les détails relatifs aux rapports entre époux.

Nous avons indiqué les règles suivies pour résoudre les difficultés en l'absence de textes et de principes officiellement reconnus dans la province. C'était exceptionnellement qu'il fallait en venir à l'application de ces règles. Les institutions du droit des gens mariés

étaient assez bien établies par la coutume du duché de
Bourgogne pour que les magistrats ne se soient trouvés que rarement dans la nécessité de recourir aux
coutumes voisines ou à la législation romaine sur ces
questions particulières.

La coutume de 1459 ne suit aucun ordre bien 'dis-
tinct dans l'exposé de ces institutions. Pour rendre
notre étude plus claire, nous examinerons successivement les principes qui se rapportent à l'exercice de la
puissance maritale, ceux qui président à l'application
des règles de la communauté de biens et aux donations
entre époux, et, dans un dernier chapitre, nous expose-
rons les avantages spéciaux réservés à la veuve sous le
nom de douaire.

CHAPITRE PREMIER

LA PUISSANCE MARITALE

—

« Dans sa maison, pauvre homme est roi, » nous dit Coquille (1) ; mais, si l'épouse se trouve soumise à lui comme tous les membres de sa famille, ce n'est nullement au XVe siècle, parce qu'elle est inférieure. La femme qui n'est pas engagée dans les liens du mariage est, depuis un certain temps déjà, maîtresse d'elle-même et libre d'agir à sa guise du jour de sa majorité. L'influence chrétienne, qui s'est si vivement manifestée à l'époque de la chevalerie, a dégagé ses droits et lui a reconnu une indépendance complète. Elle est entièrement affranchie de ce que nous pourrions appeler le « mundium » de ses proches. Elle peut être dame de fief, elle peut même siéger dans les cours féodales. La femme mariée, seule, voit sa liberté restreinte. Sa personne et ses biens tombent « en puissance du mari » du jour de son mariage.

Cette puisance du mari sur les biens de son épouse n'a rien de particulier en Bourgogne. Elle comporte,

(1) *Commentaires sur la coutume de Nivernais*, ch. XXIII, art. 1.

comme dans toutes les autres provinces coutumières,
avec le droit de propriété sur tout ce qui tombe en
communauté, le droit de jouissance sur les propres de
sa femme. C'est au mari auquel appartient le privilège
de recevoir l'hommage pour les fiefs vassaux de son
épouse, mais c'est à lui seul, en revanche, à qui il appartient de prêter cet hommage au suzerain de sa
femme.

La puissance du mari sur la personne même et les
actes de son épouse offre, dans notre province, des particularités plus remarquables.

En principe, lorsqu'en se donnant un époux, la
femme a consenti à lui aliéner une partie de son indépendance, ce n'est nullement parce qu'elle se croit incapable de diriger et de défendre elle-même sa famille
future. C'est qu'elle voit, en lui, le chef naturel de cette
société intime que forment entre eux mari et femme ;
c'est qu'elle se reconnaît son épouse soumise et obéissante dans tout ce qu'il lui commandera de juste et
qu'elle entoure cet homme, qui lui est si cher à tant de
titres, de toute l'estime respectueuse et de toute la déférence due au chef responsable de la société conjugale.
La coutume du duché de Bourgogne semble avoir mis
ce principe en pratique. « La femme mariée, soit qu'elle
ait père ou aïeul maternel ou non, après la consommation du mariage, demeure en la puissance de son mari
tellement qu'elle ne peut faire contrats entre les vifs.
ne ester en jugement, ne aussi par testament ne ordonnance de dernière volonté disposer de ses biens, sans

la licence et autorité de son mari, si elle n'est marchande publique (1). »

Cette expression de « puissance maritale » ne se trouve en ces termes que dans quelques coutumes ; mais toutes celles où elle ne figure pas n'en reconnaissent pas moins implicitement ce pouvoir supérieur du mari. La femme y est soumise du jour de la cérémonie du mariage et non plus précisément dès l'instant de la consommation du mariage. C'est la règle générale. De rares coutumes, il est vrai, attachant aux fiançailles une importance que jamais elles n'auraient dû avoir, vont jusqu'à soumettre la fiancée à une certaine dépendance envers son futur époux et à lui interdire certains actes, en l'absence d'une autorisation de sa part. Mais ce sont là des textes exceptionnels ayant force de loi dans quelques petites provinces comme l'Auvergne, et sévèrement jugés par les plus sérieux jurisconsultes d'alors (2).

C'est en conséquence de cette puissance du mari responsable dans la communauté conjugale qu'il est interdit à la femme de ne rien faire sans sa « licence et autorité ».

Nous avons vu comment s'est formée cette autorisation maritale, comment, sous l'influence des idées ro-

(1) *Coutume de Bourgogne*, art. XX.
(2) *Coutume d'Auvergne*, art. XIV: « Femme mariée ou fiancée est en la puissance de son mari ou fiancé, excepté quant aux biens adventifs ou paraphernaux desquels elle est réputée maîtresse et dame de ses droits. »

maines, elle est devenue une des conditions de validité
des actes de la femme. Mais dans quel but cette autorisation a-t-elle été exigée? Était-ce dans l'intérêt de la
femme, dans celui du mari, ou dans l'intérêt respectif
de chacun des époux? — Qu'il nous suffise de dire que
la question fut très discutée en Bourgogne aussi bien
que dans les autres provinces et que le parlement de
Dijon, réfutant diverses théories défendues cependant
par des hommes illustres mais qu'il trouvait insuffi-
santes, en admit, une, originale, d'accord en cela avec
tous les jurisconsultes bourguignons. Cette théorie est
la conséquence nécessaire des principes que nous venons d'exposer sur le fondement de la puissance maritale.

« Cette interdiction précise de contracter durant le
mariage a son respect à ce qu'une femme mariée par bienséance ne doit avoir communication d'affaires avec autrui, sans le su et le congé de son mari, pour éviter la
suspicion. (1) » Rien, donc, de l'idée de tout un système de précautions nécessaires pour suppléer à la fra-
gilité des femmes, « ad integrandam personam uxoris »
pour nous servir de l'expression des docteurs. Rien de
l'intérêt du mari intéressé à la conservation des biens du
ménage et jaloux de ses pouvoirs de chef, comme dans
de nombreuses provinces (2). Une simple idée de bien-

---

(1) Bouhier, *Œuvres de Jurisprudence*, tome I, page 533, — et
Guy Coquille, *Coutume du Nivernais*, ch. 23, art. 1.
(2) Cf. *Coutume de Paris*, *Coutume de Bretagne*, etc.

séance : tel est, en Bourgogne, le fondement de cette
règle capitale sur les rapports entre époux. « Pour être
convaincu que c'est là le vrai motif de l'autorisation maritale, nous dit Bouhier, il ne faut pas perdre de vue
les mœurs trop libres de notre temps, et nous transporter dans ces siècles où l'on y suivait encore l'ordre que
la nature avait établi pour le gouvernement de chaque
famille (1). » Chasseneuz, ajoute-t-il plus loin, nous
rapporte une particularité singulière relative aux mœurs
bourguignonnes. » « De son temps encore, en notre
province, quand une femme mariée passait auprès de
quelque homme, l'usage voulait qu'elle se cachât la moitié du visage par modestie. » Et il en tire cette con-
clusion « qu'il est aisé de comprendre pourquoi il avait
été établi par nos anciennes coutumes que la femme ne
pourrait paraître en jugement, contracter, ni même tester sans l'autorité de son mari puisqu'elle ne pouvait

---

(1) Pothier : « L'autorité est requise en faveur du mari. Elle con-
siste dans le droit du mari d'exiger d'elle tous les devoirs de soumission qui sont dus à un *supérieur*. » Nous devons rapprocher de cette
phrase de Pothier ce passage de l'ouvrage de Beaune sur *la Condition des personnes dans l'ancien Droit français* (p. 518) : « Les Jurisconsultes du Moyen-Age se plaisent à invoquer sans cesse la fai-
blesse et l'inexpérience du sexe féminin, ils énumèrent avec une visi-
ble complaisance les textes des lois romaines qui accusent la mobilité
de sa volonté, son esprit de dissimulation, de ruse, et son goût pour la
contradiction ; ils iront même jusqu'à dire, comme Tiraqueau et le
Songe du Vergier que la femme est « une bête haineuse et nouris-
« sante de mauvaisetés ». Mais, au fond, ce sont là des épigrammes
usés. La femme est incapable non parce que le mari est supérieur,
mais parce qu'il est le *chef*. »

faire aucun de ces actes sans entrer en relation avec quelque homme autre que son dit mari (1). »

Toute femme mariée, par bienséance, ne peut donc agir qu'avec l'agrément de son mari.

*
* *

A cette règle générale il devait y avoir quelques exceptions.

La « nécessité du commerce » fit admettre que la femme marchande publique serait censée autorisée pour tout ce qui pouvait regarder la bonne gestion de ses affaires commerciales. Et se trouvait être alors, en Bourgogne, réputée marchande publique, non pas seulement la femme qui avait une profession différente de celle de son mari, ainsi que le décidait la coutume de Paris (2), mais « toute femme qui publiquement au vu et su de chacun tenait boutique ouverte, son mari la voyant et ne l'empêchant (3) ». Le fait seul de débiter la marchandise la rendait marchande publique.

(1) Bouhier, I, p. 533.
(2) *Coutume de Paris*, art. 235. « La femme n'est réputée marchande publique pour débiter la marchandise dont son mari se mesle : mais elle est réputée marchande publique, quand elle fait marchandise séparée, et autre que celle de son mari. »
(3) *Cahiers de réformation*, art. 135.— *Œuvres de Bouhier*, I, p. 81.
— Il y eut, cependant, vers la fin de l'ancien régime, une certaine tendance à se conformer, sur ce point, au droit commun. (Dijon, février 1701) et Beaune, *Condition des personnes*, p. 530. — Cf. Code civil art. 220 : « Elle n'est pas réputée marchande publique quand elle ne fait que détailler les marchandises du commerce de son mari, mais seulement quand elle fait un commerce spécial. » Une autre particula-

La femme mariée, séparée de biens, jouissait d'une faveur analogue, et pouvait faire seule tous les actes de pure administration. Elle n'était pas aussi libre, en Bourgogne, que dans certaines autres coutumes où il lui était permis d'agir « comme si elle n'avait pas été mariée (1) ». Mais il arrivait souvent que, sur sa demande, du moins s'il s'agissait d'une séparation judiciaire, le jugement lui-même lui permettait de disposer de ses biens et de contracter de sa propre volonté sans l'autorité de son mari, ainsi que nous le prouve plusieurs arrêts du Parlement de Dijon, dont l'un entre autres, du 14 décembre 1654 (2).

S'il s'agissait d'une femme dont le mari se trouvait absent, démens ou condamné à une peine capitale, l'autorité du mari devait être suppléée par une autorisation de justice. La femme, dans ce cas, ne pouvait pas se dire « sui juris » : « censetur dormire et in suspenso esse auctoritas et potestas maritalis (3). »

L'autorisation de justice ne pouvait même pas remplacer l'autorisation du mari mineur. « Il suffit d'être mari pour pouvoir autoriser sa femme ; la validité de l'autorisation ne dépend pas de l'âge, mais de la qua-

rité propre à la Bourgogne était que la femme mariée marchande publique ne pouvait jamais ester en justice sans autorité, même pour les besoins de son commerce. (Beaune, *Des personnes*, p. 530).

(1) *Coutume de Montargis*, cl. III, art. 6. — *Coutume de Dunois*, art. 58.

(2) 14 décembre 1654 : Taisand, *Commentaires sur la Cout. de Bourgogne*, p. 195.

(3) *Notes* de Bernard Martin, p. 82.

lité du mari (1). » Qu'elle ait été, elle-même, majeure
ou mineure, la femme devait obtenir pour tous ses actes le consentement marital, et le peu d'expérience in-
contestable chez un homme aussi jeune, bien incapable
de discerner le véritable intérêt de son épouse, nous
prouve encore que la bienséance seule présidait à cette
formalité indispensable.

*
* *

Reposant sur un tel fondement, l'autorisation mari-
talle était exigée pour tous les actes de la femme à ces
quelques exceptions près. On allait jusqu'à décider que,
dans la direction intérieure de sa maison pour les besoins du ménage et son entretien personnel, la femme
ne devait pas s'écarter des prévisions probables du
mari sur ses dépenses éventuelles. Elle ne pouvait rien
faire qui put être jugé hors de proportion avec son
« état », et, si elle enfreignait cette règle, elle n'obligeait pas plus la communauté que son mari dans la
mesure de cet excédent (2). Un arrêt du 28 mai 1708,
rendu en la grande Chambre du Parlement de Dijon,
dans la forme de règlement général, fit même défense
à tous marchands de « livrer aucune marchandise à cré-
dit aux femmes en puissance de maris, sans ordre d'eux

(1) Code civil, art. 224 : « Si le mari est mineur, l'autorisation du
juge est nécesaire à la femme, soit pour ester en justice, soit pour
contracter. »

(2) Arrêt du 8 janvier 1693, dans Bouhier, I, p. 545 ; dans Taisand,
p. 193.

par écrit ». Cet arrêt, sans doute, « surprit extrêmement tout le reste de la compagnie et fut blâmé ouvertement par le barreau (1) », mais ce fut pour des circonstances particulières qui ne touchaient en rien au principe admis sans conteste en Bourgogne.

Même s'il s'agissait d'un acte évidemment avantageux pour elle, la femme ne pouvait agir seule. Chasseneuz lui laissait complète liberté dans ce cas exceptionnel (2) mais son avis ne prévalut jamais, et l'ordonnance de 1731 sur les Donations vint officiellement confirmer cette décision de la Jurisprudence et de la majorité des auteurs bourguignons (3).

Chasseneuz admettait encore, se basant en cela sur une règle suivie généralement dans tout le royaume, qu'une femme pouvait s'obliger sans autorité pour tirer son mari de prison (4). Il semble, ici, avoir été approuvé par la Jurisprudence (5) ; mais bien à tort selon Bouhier, au dire duquel on en décidait autrement avec beaucoup plus de raison à l'époque du président Bégat, au XVIᵉ siècle (6).

(1) Bouhier, I, p. 546.

(2) Chasseneuz, § IV, art. I, nᵒˢ 7 et 8.

(3) *Ordonnance sur les Donations*, 1731, art. 9 : « Les femmes mariées, même celles qui ne seront communes en biens, ou qui auront été séparées par sentence ou par arrêt, ne pourront accepter aucunes donations entre vifs sans être autorisées par leur mari, ou par justice à son refus. »

(4) Chasseneuz, IV, § I : val. « *Contrats entre vifs* », nᵒ 29, — et Bannelier dans ses « *Notes sur Davot* », tome VII, p, 240.

(5) Arrêt du 4 août 1598. — Bouvot, *Arrêts notables de la Cour du parlement de B.* » Genève, 1623, tome II, p. 639.

(6) Begat, décision 17 rapportée par Bouhier, I, p. 541 : « Adeo se-

*
* *

Un des caractères les plus originaux de notre coutume, sur cette question de la puissance maritale, était
l'impossibilité pour la femme de pouvoir faire son testament sans le consentement de son mari. Ce n'est que
très exceptionnellement que l'on rencontre dans notre
ancien droit une particularité semblable. Elle n'existait que dans les provinces de Nivernais et de Bourbonnais, voisines du duché de Bourgogne, et dans la province
de Normandie. La raison d'être de cette exigence de la
Coutume se trouve dans les principes même sur lesquels
reposait l'autorité maritale. « Après tout, dit Bouhier,
cette faculté de tester est contraire au droit naturel et
c'est une grâce que les lois font aux femmes en leur
permettant de faire leur testament avec l'autorisation
de leur mari. » Mais, par cette prescription qui pourrait au premier abord paraître exhorbitante, la Coutume n'a jamais voulu contrarier les volontés dernières
des femmes mariées, puisqu'elle ne les a jamais obli-
gées à se soumettre sur ce point aux volontés de leurs
maris. C'était par pure « bienséance » qu'elles devaient
réclamer l'autorisation maritale, et au cas où elles se
heurtaient à un refus inébranlable il leur était permis d'avoir recours au Juge royal qui, lui, les autori-

vere jus istud exercemus ut licet dotam possit alienare mulier, alias
prohibita, ad suos carcere, aut servitute liberandas ; tamen hac de
causa illam lege ista generali non solvamus, nihilque illi permittamus,
nisi marito auctore et conscio. »

sait d'office à disposer de leurs biens suivant leur gré.

L'autorisation devait être spéciale pour chaque testament. Et l'on appliquait si rigoureusement ces principes de déférence envers les maris, que la question fut même discutée de savoir si on permettrait aux femmes de révoquer leurs dispositions de dernière volonté sans autorisation particulière. A l'origine, on avait certainement dû les soumettre à cette exigence. Mais à l'époque de Chasseneuz, déjà, on leur accordait pleine liberté sur ce point. « Parce qu'en donnant, la femme aliène et qu'en révoquant un testament, elle conserve son bien. » Tous les arrêts du parlement de Dijon, deux arrêts généraux en particulier, des 25 février 1639 et 12 avril 1685, consacrent cette juste exception (1).

S'il s'agissait d'un simple retranchement dans les dispositions de dernière volonté, ce retranchement était interprété comme une révocation pure et simple de la disposition entière (2). Bouhier déclare que cette décision de la jurisprudence est juridique, mais qu'une simple diminution de legs pourrait, peut-être, dans certains cas, rester valable. Dans ses *Notes* sur Davot, Bannelier est plus explicite et fait une distinction entre les cas où cette révocation partielle enrichirait les héritiers *ab intestat* ou profiterait aux héritiers institués, la permettant dans la première hypothèse et l'interdisant dans la seconde.

Une seule catégorie de dispositions à cause de mort

---

(1) Taisand, p. 199.
(2) Arrêt du 19 avril 1660, Bouhier, I, p. 577.

fut, pendant un certain temps, exceptée de cette rigueur : les legs pour cause pie, qui si longtemps furent
en usage depuis le Moyen-Age jusqu'au XVIᵉ siècle.
Mais lors des délibérations qui eurent lieu pour la réformation de la Coutume, vers 1560, on supprima cette
unique faveur, et il n'y eut plus dès cet instant aucune
exception à la règle générale qui interdisait aux femmes de tester sans l'autorité maritale (1).

A une certaine époque, cependant, on essaya d'af-
franchir la femme mariée de cette coutume trop sévère.

On tenta d'abord d'introduire la pratique des autorisations générales. Chasseneuz, prévoyant cette tendance qui ne devait se manifester qu'au siècle dernier,
la combattait déjà, et les *Cahiers de réformation* vin-
rent préciser les textes de la Coutume en exigeant une
autorisation spéciale pour chaque testament (2).

Ce fut l'avocat Bernard Martin, dans l'intérêt d'une
cause qu'il avait à défendre devant le Parlement de
Dijon bien plutôt que dans l'intérêt supérieur de la justice, qui présenta le premier et défendit si bien la thèse
opposée qu'il crut l'avoir fait adopter par les magistrats de la Cour, dans un arrêt du 9 décembre 1616 en
faveur de son client. Mais cet arrêt venait à peine d'être
rendu dans la chambre des audiences que le président

(1) *Cahiers de réformation*, art. 132. — Bouhier, I, p. 81 : « Ce
que l'on dit que la femme ne peut contracter, engager ni tester sans
autorité, s'entend qu'il lui est prohibé de faire aucun contrat ou testament voire pour cause pieuse. »

(2) *Cahiers,* art. 128 et 129.

de la compagnie, s'adressant aux hommes de lois présents dans la salle, ainsi qu'il en était d'usage lorsqu'un jugement prêtait à équivoque, leur fit remarquer expressément que « par la thèse générale, il fallait autant d'autorités que d'actes, dans la vue de tarir la source des procès que toutes ces sortes de distinctions et de subtilités ne manqueraient pas de produire ». C'était, clairement exprimé, le rejet de la théorie nouvelle. Mais Bernard Martin n'en persista pas moins dans sa manière de voir qu'il développa et défendit dans ses *Notes de Jurisprudence* (1). Il distinguait l'autorisation générale et indéfinie de l'autorisation bornée et restreinte « ad hunc vel illum actum », et, en s'appuyant en cela sur cet argument des moins juridiques : « quando princeps civitati potestatem fecit statuta condendi, et civitas, ea potestate utens, quidpiam statuerit, poterit, illud statutum revocando, aliud novum condere », il laissait, dans le premier cas, à la femme, le droit de révoquer et de refaire son testament à sa guise.

De Pringles, dans son *Commentaire de la Coutume* de 1617, suivit aveuglément la théorie de Bernard Martin, sans pouvoir citer aucune autorité à l'appui des idées nouvelles (2).

Le Parlement, longtemps inébranlable dans sa ma-

---

(1) Les *Notes* de Bernard Martin ont été publiées par le président Joly de Berry à la suite de l'édition des *Œuvres* de Bouhier que donna ce jurisconsulte en 1787. (Page 68 de ces *Notes.*)

(2) *Commentaire* de de Pringles.

nière de voir, finit cependant par se laisser influencer
en quelques circonstances où il admit la validité des
autorisations générales. Il se décida timidement d'abord,
dans un arrêt du 19 juin 1719 où il confirma un testament refait sans autorisation spéciale, « d'autant plus
que le premier testament n'était pas prouvé », et plus
expressément dans deux arrêts du 5 mai 1735 et du
3 février 1752, qui ne réunirent pas, il est vrai, l'una-
nimité des suffrages. Mais c'était là chercher à « éner-
ver l'autorité maritale », nous dit le président Bouhier,
qui disait à cette époque et recommandait énergiquement de s'en tenir « aux sages principes de nos loix ».

La rigueur des principes sur la question qui nous
occupe eut encore à subir l'influence d'idées plus larges
qui déjà, s'étaient manifestées dans les cahiers de réformation et qu'embrassèrent au siècle dernier, les plus
savants jurisconsultes. On voulait reconnaître de plein
droit à la femme une autorisation tacite, dans des circonstances où il lui était particulièrement difficile d'obtenir le consentement exprès de son mari ou l'autorisation de justice. Le mari pouvait être absent au moment où l'épouse voulait faire son testament, il pouvait
être atteint d'aliénation mentale. La dernière ressource
de sa femme était alors d'avoir recours à la justice et de
lui demander une autorisation supplétive de celle du
mari ; mais pour l'obtenir il y avait de longues formalités à remplir. La mort pouvait la surprendre avant
qu'elle ait obtenu les pouvoirs nécessaires pour dicter
ses dernières volontés. Avait-elle, dans ces conditions

particulières, testé sans autorisation et le mari ou la justice venait-il à confirmer ce testament, la disposition n'en était pas moins nulle de nullité radicale. — L'autorisation devait être donnée avant l'acte lui même.

Les commissaires chargés de la réformation tentèrent d'apporter un tempérament à cette exigence, et, dans leurs cahiers, ils déclarèrent, sous l'article 130 que : « là où il n'y aurait commodité d'avoir promptement l'autorité du juge, la femme sera censée autorisée par la loi : et subsistera tel contrat ou ordonnance de dernière volonté de la dite femme pourvu qu'il ait rien au préjudice de son mari (1). » cette décision resta lettre morte pour le parlement de Dijon. Les 19 juillet 1614, 19 avril 1660, 18 janvier 1697 notamment il annula des donations à cause de mort faites par une femme non autorisée à son mari lui-même, et ce fut jusqu'à la fin de l'ancien régime sa jurisprudence constante (2).

C'est en vain que le président Bouhier, au siècle dernier, réclama la réforme de cette jurisprudence : « On devrait réformer notre coutume sur ce point. En fait de testament, le moindre retard peut priver pour jamais une femme du droit qui lui appartient de faire un tes-

---

(1) Bouhier, I, p. 531. — Bouvot, *Arrêts notables*, I, partie première, p. 338.

(2) On peut se demander ce que voulait dire les rédacteurs des cahiers en parlant de préjudice que la femme non autorisée pouvait causer aux intérêts du mari qui n'avait aucun droit dans la succession de son épouse.

tament sans qu'il y ait de sa part la moindre faute. Or, il semble dur de lui faire perdre cet avantage, sans qu'elle l'ait mérité par aucun endroit (1). »

Il n'y avait qu'un seul cas dans lequel il était permis à la femme de tester sans autorisation : celui où elle était atteinte de la peste et où son mari aurait couru les plus grands dangers en approchant du lieu où l'isolait les règlements de police (2).

Dans toutes les autres circonstances le testament d'une femme mariée, fait sans l'autorité maritale, était nul de nullité radicale.

*
* *

La nullité radicale s'attachait, d'ailleurs, à tous les actes de la femme mariée faits sans la « licence et autorité » de son mari. Dans le droit commun des pays coutumiers, à Paris notamment, la nullité, en pareil cas, n'était que relative. Mais nous avons vu qu'à Paris l'autorisation maritale avait un autre fondement qu'en Bourgogne. Elle avait sa raison d'être dans l'intérêt du mari sinon exclusif du moins parallèle à l'intérêt de sa femme, et, partant, les actes de l'épouse pouvaient être validés après coup par le consentement marital. C'était une modification des idées primitives toutes de désintéressement et de dévouement qui avaient présidé à la naissance et au développement de la communauté de

---

(1) Bouhier, I, p. 525.

(2) Arrêt Dijon en 1397 dans *Davot*, tome V, p. 107, — et du 16 avril 1567 dans les *Œuvres de Begat*, p. 97

biens et que l'influence romaine avait fait disparaître dans la plupart des provinces. « Pour être convaincu que c'est là (le respect dû au chef de famille), le vrai motif de l'autorisation maritale il faut nous transporter dans ces siècles, où l'on y suivait encore l'ordre que la nature y avait établi pour le gouvernement de chaque famille (1). » Ces idées s'étaient conservées vivaces en Bourgogne et la nécessité de cette adhésion du mari, fondée, dans notre province, sur l'idée plus élevée de bienséance et de respect, « sur des causes toutes publiques et sur l'un des plus importants intérêts de la société », devait entraîner la nullité absolue des actes de la femme non autorisée sans qu'il y ait à examiner si ces actes causaient ou non préjudice à son mari ou à elle-même : « ils blessent les bonnes mœurs et l'honnêteté publique et doivent être tenus « pro infectis », ce qui les rend nuls à toutes sortes d'égards (2) ».

Chasseneuz, cependant, entraîné, peut-être, par la pratique des coutumes voisines, soutint pendant un certains temps, qu'il ne fallait voir, dans ce défaut d'autorité, qu'une nullité « respective ». L'autorisation maritale n'aurait été introduite, à son avis, qu'en faveur des femmes, suivant l'idée romaine de « l'imbecillitas sexus (3) ». Mais il revint de son erreur vers la fin

(1) Cf. note 8.
(2) Bouhier, I, p. 535. — Cf. loi 5 du Code de legibus.
(3) Rubr. 4531, verb : *Contrat entre les vifs*, nᵒˢ 1-17-26, — verb : *n'aussi par testament*, nᵒ 6.

de sa vie et admit avec l'opinion générale en Bourgogne, les principes de la nullité absolue (1).

Les rédacteurs des cahiers de réformation devaient, après lui, tomber dans la même erreur. « Si le contrat est passé par la femme sans autorité du mari, il ne sera cassé ni réputé nul sinon que le mari ou la femme y réclame ; et où le mari voudra approuver et ratifier le contrat, y prêtant son autorité, y demeurera bon et valable comme si l'autorité avait précédé (2). »

Mais ces tendances à introduire en Bourgogne des idées généralement admises en pays coutumiers n'entraînèrent jamais le parlement de Dijon. Il n'y a qu'à consulter des recueils de jurisprudence de cette haute assemblée pour être convaincu de l'inutilité des efforts des réformateurs. Rappelons les arrêts de 1614, de 1660 et de 1697 annulant des testaments faits sans autorité dans l'intérêt même des maris (3). Citons encore deux arrêts, l'un du 11 février 1618 qui cassa la donation entre vifs qu'une mère, non autorisée, avait faite à son fils d'un premier lit bien que cet acte eut été depuis approuvé et ratifié par le mari, et l'autre, du 19 juillet 1667, qui reconnut la nullité d'une procuration passée par une femme devant notaire, mais sans autorité, pour s'obliger solidairement avec son mari. Il reste bien deux ou trois arrêts contraires que nous avons relevés dans Bouhier, mais selon l'avis de cet

(1) Rubr. § verb. *ne peut faire.*
(2) Art. 133 des *Cahiers de réformation,* dans Bouhier, 1, p. 81.
(3) Cf. note 23, note 28.

auteur « c'est que la cour s'y est laissé entraîner par des considérations d'équité auxquelles on ne se serait peut-être pas arrêté si tous les commentateurs de notre coutume avaient pris la peine de faire des recherches plus exactes sur son origine (1) ».

En se passant du consentement de son mari, la femme a manqué gravement à ses devoirs d'épouse soumise et obéissante et il est nécessaire que son acte soit considéré comme nul et non avenu, quand bien même le mari viendrait à l'approuver par la suite. « Les bonnes mœurs et l'honnêteté publique » ont été blessées, aucune ratification n'est possible en pareil cas.

*
* *

Quant à la forme dans laquelle ce consentement du mari devait être donné, elle importait peu. Il était inutile que le mot « autoriser » fut prononcé, ou écrit contrairement à ce qu'exigeait la plupart des coutumes et à ce qu'enseignait Pothier (2).

La signature du mari apposée au bas d'un engagement de son épouse suffisait seule à prouver son consentement ; et il a même été jugé qu'une simple promesse du mari de faire obliger sa femme, sans faire mention d'autorité, validait l'obligation contractée par celle-ci, en son absence (3).

(1) Bouhier, p. 535.
(2) Cf. Benusson, *Traité de la communauté*, partie I, ch. 7, nᵒ 10 et suiv.
(3) Arrêts du 14 août 1602 et 18 avril 1619. Bouhier, I, p. 538. —

Les cahiers de réformation adoptèrent là encore les idées généralement admises en pays coutumiers (1). Mais ils se heurtèrent aux vieilles pratiques des tribunaux bourguignons, et, n'ayant jamais eu force de loi, ils restèrent lettres mortes sur ce point comme sur tant d'autres que nous avons déjà signalés.

*
* *

Sans le consentement de son mari la femme mariée était donc incapable de s'obliger de quelque façon que ce fut, et, autorisée par lui, elle pouvait tout faire.

A cette capacité d'agir que le consentement marital conférait à l'épouse, il y avait cependant une exception importante au cas prévu par le sénatus-consulte Vélleien. Nous avons signalé cette exception pour la période des XIIIe et XIVe siècles (2). Elle ne devait pas subsister jusqu'à la fin de l'ancien régime, mais elle se maintint encore jusqu'aux premières années du XVIIe siècle. Un arrêt général du Parlement de Dijon du 26 juillet 1574 portait injonction à « tous notaires qui recevraient des actes où les femmes s'établiraient cautions, de leur faire entendre le contenu et la qualité du sénatus-consulte Vélleien et quand elles interviendraient pour leurs maris, l'authentique « si qua mulier » et d'en faire

Cf. 24 janvier 1583, 29 mars 1597, 21 mars 1671. — Cf. Taisand, p. 102.

(1) *Cahiers*, art. 129.

(2) Ch. II, pages 67 et suiv.

mention aux contrats, à peine de l'amender arbitrai-
rement (1) ».

La renonciation de la part des femmes à semblable
privilège si mal vu en Bourgogne, était passée en coutume. Mais, pour les cas où cette renonciation n'était
pas intervenue, le sénatus-consulte Vélleien resta en
vigueur jusqu'à l'édit de 1606 qui l'abrogea officiellement dans tout le royaume (2).

(1) Bouhier, I, p. 446.
(2) L'édit de 1606 ne fut enregistré au Parlement de Bourgogne que
le 6 août 1609.

CHAPITRE II

DE LA COMMUNAUTÉ DE BIENS ENTRE ÉPOUX

—

En 1459, lors de la promulgation officielle de la coutume générale, la communauté des meubles et conquets entre époux, que quelques coutumes locales comme celle de Dijon avaient rejetée jusqu'à cette date, devint le régime matrimonial commun à tous les pays coutumiers du duché de Bourgogne. « Femme mariée au duché de Bourgogne, selon la générale coutume dudit duché, est participante avec son mari pour la moitié de tous meubles et acquets faits constant le mariage de sondit mari et d'elle (1). »

Cette communauté commençait au jour de la cérémonie de mariage, et finissait au moment même de la dissolution de l'union conjugale. Sur le premier point, c'était l'application en Bourgogne de la règle généralement admise et qui n'avait même pas d'exception dans ces quelques coutumes où les fiançailles donnaient au futur époux, sur sa fiancée, quelques-unes des préroga-

(1) Art. 21.

tives de la puissance maritale (1). Il n'en était pas de
même quant au principe qui faisait la communauté de
biens se dissoudre en même temps que la communauté
d'existence, rompue par la mort de l'un des époux. On
appliquait en Bourgogne les principes de la législation
romaine, d'après lesquels toute société était dissoute par
la disparition de l'un des associés. Dans quelques provinces, au contraire, on admettait de plein droit la con-
tinuation de cette communauté entre le survivant et les
héritiers du défunt (2). A Paris même, la liquidation
qui s'opérait, en règle générale, lors de la dissolution
du mariage pouvait être retardée dans certains cas (3).
C'était l'intérêt des enfants qui avait motivé cette anomalie ; on avait voulu les protéger contre la malveil-
lance ou un oubli possible de leur auteur survivant qui,
au jour du décès de son conjoint, aurait négligé de procéder à l'inventaire des biens de la communauté et viendrait à convoler en secondes noces. En pareil cas, tout
enfant mineur avait le droit de demander la conti-

(1) *Coutume d'Auvergne*, art. XIV. — Cf. II, partie, ch. I, page 83.
(2) *Coutumes de Montargis, du Berry, du Bourbonnais, d'Orléans,
du Poitou, etc.*
(3) *Coutume de Paris*, art. 240 : « Quand l'un des deux conjoints
par mariage, va de vie à trespas et délaisse aucuns enfans mineurs
du dit mariage, si le survivant des deux conjoints ne sait faire inventaire, avec personne capable et légitime contradicteurs, des biens qui
étaient communs durant le dit mariage, et au temps du dit trespas,
soit meubles ou conquets immeubles, l'enfant ou enfans survivans peuvent, si bon leur semble, demander communauté entre tous les biens
meubles et conquets immeubles du survivant : soit qu'iceluy survivant
se remarie, »

nuation en sa faveur de cette communauté conjugale.

Au duché de Bourgogne, on s'en rapportait à « la bonne foi du survivant », et cette confiance de la coutume en l'honnêteté du père ou de la mère allait si loin que nous voyons le parlement de Dijon, dans un arrêt du 3 février 1661, admettre un père veuf et remarié à présenter à son fils du premier lit les biens laissés par sa mère « suivant état donné et affirmé par lui véritable (1) ». La seule sanction du défaut d'inventaire se résolvait en dommages et intérêts en faveur des héritiers du conjoint décédé, lorsque ceux-ci avaient eu à souffrir de cette négligence.

La communauté de biens, se dissolvant par la mort de l'un des époux, avait donc conservé en Bourgogne son originalité première de n'être que la conséquence d'une communauté de vie et de sentiments et de la plus étroite intimité, entre deux êtres unis par les liens du mariage. Mais le développement de ce principe s'était arrêté, dans cette province, comme dans tous les autres pays coutumiers de l'ancienne France, à la communautés de meubles et de conquets immeubles, sans aller jusqu'à la communauté générale pour les raisons que nous avons signalées. La participation de la femme au patrimoine commun, dans la même proportion que le mari lui-même, avait d'ailleurs mis assez longtemps pour s'établir d'une façon générale au duché de Bour-

(1) Taisand, p. 273. — Cf. certificat du parlement de Dijon délivré le 15 janvier 1656, dans Bannelier sur Davot. VII, p. 34.

gogne, puisqu'il nous faut aller jusqu'en 1459 pour constater l'uniformité de la législation sur ce point.

Dans une province voisine, le Comté de Bourgogne,
dont des destinées ont été à toutes des époques de l'histoire si étroitement unies à celles du Duché, et dont la
coutume fut elle aussi rédigée sur l'ordre de Philippe
le Bon en 1459, nous trouvons, sur la communauté de
biens, des dispositions originales que nous devons signaler et mettre au parallèle avec les usages suivis
dans le ressort du Parlement de Dijon. Alors que dans
la coutume du Duché on ne faisait aucune distinction
entre les unions nobles et bourgeoises, et que la communauté de meubles et de conquets était la même
dans les deux cas, au Comté de Bourgogne, les biens
communs n'étaient pas les mêmes suivant la qualité
des mariés, et la communauté se trouvait être beaucoup
plus étendue entre nobles qu'entre gens de condition
inférieure. « Nobles gens mariés ensemble sont communs en biens meubles et en acquets des héritages qui
sont faits constant le mariage ; jaçoit que si le mary
survit à sa femme, ce dit mary demeure seigneur des
meubles (1). » « Femme mariée, par la coutume générale, gardée entre les bourgeois, est participante avec
son mary en acquets de biens immeubles taut seulement
faits constant le mariage (2). » Même au cas d'unions
nobles, n'étaient point communs les meubles qui ap-

_____

(1) Dunod, *Commentaire de la coutume du Comté de Bourgogne*,
sous l'article II du titre des *Gens mariés*.

(2) Art. III, titre des *Gens mariés*.

partenaient à chacun des époux lors du mariage. C'é-
tait une communauté d'acquets, dans le sens le plus
étroit de l'expression. « Elle est semblable, nous dit
Dunod, à celle établie par la coutume à l'égard des
mainmortables qui conservent la propriété de leurs
biens anciens et de ceux qui leur arrivent pendant
qu'ils sont en communauté, et qui ne sont associés en
acquets que pour ce qu'ils acquièrent des produits de
leurs revenus, travail et industrie. » Faut-il nous étonner
de trouver deux dispositions, si différentes l'une de l'autre, dans deux coutumes rédigées en même temps, sous
les auspices du même prince, et s'étendant sur deux
contrées qui si longtemps ont été réunies dans la même main ? Non. Le Comté de Bourgogne, province
frontière, qui passa alternativement sous la domination
des rois de France et des princes allemands, aux diverses époques de l'histoire, subit l'influence des idées
romaines, beaucoup plus profondément que l'influence
des coutumes et des idées franques. Les pays allemands,
si l'on en excepte la Saxe, n'ont jamais connu la communauté de biens et leur régime matrimonial fut toujours un régime que nous pourrions appeler régime
sans communauté, celui-là même qui fut reconnu comme fondamental par le nouveau code de l'Empire alle-
mand.

On avait cependant admis, en Franche Comté, qu'il
put y avoir quelques biens communs aux deux époux ;
et il est probable que la communauté des meubles et
conquets immeubles des pays coutumiers et du duché

de Bourgogne en particulier aurait fini par être admise dans cette province, surtout après sa réunion définitive à la couronne de France, si la rédaction officielle des coutumes n'était venu fixer à jamais ses usages originaux, dès le milieu du XV⁰ siècle.

*
* *

Nous ne nous étendrons pas sur l'étude des biens qui pouvaient entrer dans la communauté conjugale. Il n'y a rien, sur ce point, de très particulier à notre province.

Notons, cependant, que les mots « acquets » et « conquets » de communauté qui ont fait l'objet de dissertations si nombreuses ont le même sens au duché de Bourgogne, qu'ils peuvent indifféremment être employés l'un pour l'autre (1), et que le mot « immeuble » de la rédaction de 1459 ne désigne pas seulement les vrais héritages, mais encore les rentes foncières et autres droits réels et même les rentes constituées à prix

---

(1) Le mot « acquets » de communauté signifie proprement ce qui a été acquis par l'un des mariés avant le mariage, et le mot « conquets » de communauté ce qui a été acquis par les deux conjoints conjointement ou par l'un d'eux pendant le mariage. C'est le sens qui leur est donné dans la Coutume de Paris. — L'art. II de la nôtre prouve qu'il en était autrement en Bourgogne. « Je présume que nos rédacteurs évitèrent les termes de *conquets* à raison du voisinage des pays de droit écrit où l'on qualifie de conquets les biens advenus par succession et les autres biens adventifs ; le mot acquet, dans sa vraie signification, ne comprend ni les successions, ni cette sorte de biens qu'en pays de droit écrit on nomme adventifs. » Bannelier sur Davot, VII, p. 89.

d'argent, qui toutes étaient assignées sur des héritages et ne pouvaient être rachetées sans une clause expresse de l'acte constitutif (1).

Mais nous ne pouvons passer sous silence une question importante, celle de savoir si les biens échus à l'un des époux d'un de ses parents en ligne collatérale, soit par donation entre vifs soit par testament, lui restaient propres ou tombaient en communauté.

Il était d'usage d'insérer, dans les contrats de mariage, une clause spéciale où il était dit : « que ce qui pourrait échoir à l'un des conjoints par succession, donation ou autrement, tant en ligne directe que collatérale, lui sortirait nature d'ancien ou de propre ». Au cas où cette clause n'avait pas été insérée, et, plus généralement, s'il n'existait pas de contrat de mariage, était-il donc à supposer, d'après la volonté tacite des époux, que tous ces biens devaient tomber en communauté? Plusieurs jurisconsultes, dont l'avocat Taisant, le prétendaient. Le président Bouhier et la jurisprudence générale étaient d'avis contraire.

La signification du mot « acquets », nous dit Bouhier, n'a pas plus d'étendue que celle du mot latin « quœstus ». Or, en fait de société « quœstus intelligitur qui ex opera cujusque descendit », et ce mot ne comprend pas plus les donations que les successions et les legs. La loi Ripuaire et les textes du Moyen-Age paraissent

(1) Les rentes stipulées rachetables étaient considérées comme meubles.

avoir eu la même idée en désignant les conquets par
ces termes : « quod simul collaboraverunt, conquisie-
runt, comparaverunt. » Mais le capitulaire de Louis le
Débonnaire met les donations entre vifs au nombre des
conquets : « ... et de his rebus quas is qui illud benefi-
cium habuit, aliunde abduxit, vel comparavit, vel ei
ab amicis suis conlatum est, has volumus tam ad or-
phanos defunctorum quam ad uxores eorum perve-
nire (1). »

Et nous devons remarquer qu'à cette époque les mots
« amis » désignaient même les parents « amis prochains, amis charnels ».

Notre coutume devait-elle donc, en suivant cette
tradition, considérer comme biens communs tous les
biens acquis d'un collatéral par l'un des époux, soit par
donations entre vifs, soit par successions ?

Il fallait distinguer, en Bourgogne, suivant que ces
libéralités parvenaient à un héritier présomptif ou à un
non successible.

Les biens provenant de donations entre vifs faites
par des collatéraux dont l'époux n'était pas successible
entraient en communauté : ils ne constituaient qu'un
« présent de fortune ». C'était le principe généralement admis par toutes les coutumes. Mais, la question
de savoir si les biens provenant de libéralités de ce
genre faites à des héritiers présomptifs entraient ou non
en communauté était des plus controversée, dans l'an-

(1) Cf. Bouhier, II, page 1,029.

cien droit coutumier. Plusieurs coutumes, dont celles
de Paris et d'Orléans, les rangeaient parmi les conquets (1). D'autres, en plus grand nombre, comme
celles de Laon, de Reims et celles du Bourbonnais et
de l'Anjou les considéraient comme propres à l'époux
donataire. La coutume du duché de Bourgogne était
muette sur ce point. La solution de cette question devait
donc être donnée par la jurisprudence et les auteurs.

Lorsqu'il s'agissait d'héritages anciens de la famille,
le Parlement de Dijon les déclarait propres à l'époux,
qu'ils lui soient arrivés par donations entre vifs ou par
succession (2). Quant aux autres immeubles il distinguait entre ces deux cas et, contrairement à la coutume
de Paris, il décidait qu'ils devaient être exclus de la
communauté et rester propres s'ils parvenaient à l'un
des époux par succession *ab intestat* ou testamentaire.

La coutume du comté de Bourgogne était dans le
même sens, aussi bien que celle du comté de Nevers.
Des auteurs qui se rangeaient aux décisions du parlement de Paris invoquaient, cependant, quelques arrêts
contraires du parlement de Dijon.

L'un du 7 mai 1675 cité par Taisand (3) ; mais il
s'agissait, dans cet arrêt, non pas d'une communauté
de meubles et de conquets, mais d'une communauté de
tous biens meubles et immeubles. C'était donc à tort

(1) Paris, art. 246.
(2) Notamment arrêts des 23 août 1703 (Bouhier, VI, p. 1033) ;
28 janvier 1851, 28 juillet 1581 (Bouhier, II, p. 1048).
(3) Taisand, p. 209.

qu'il était invoqué et cet argument, nous dit Bouhier, avec un certain dédain, ne sert qu'à « prouver le peu de discernement de l'avocat Tuisand ».

Un autre arrêt, du 21 janvier 1633, rangeait nettement cependant les immeubles échus par succession en ligne collatérale parmi les conquets. Mais cet arrêt, nous dit encore Bouhier, n'a pu être rendu que sur des circonstances particulières de fait ; « sans cela je n'hésiterais pas à dire qu'il faut le mettre au rang de ceux qui échappent quelquefois à la vigilance des juges les plus éclairés, lesquels après tout, sont hommes comme tant d'autres (1) ».

La jurisprudence générale et la majorité des auteurs, en Bourgogne, considéraient donc comme propres tous les héritages provenant à l'un des époux d'une succession en ligne collatérale.

Restaient les immeubles venant en ligne collatérale, par donations entre vifs, à l'un des époux héritier présomptif du donateur ?

L'article 156 des cahiers de réformation, traduisant l'opinion de la magistrature, les considérait comme propres pour la part qui aurait dû revenir au donataire par succession *ab intestat* et comme conquets pour le surplus (2).

---

(1) Bouhier, II, p. 1043. — Un arrêt du 24 août 1716 confirme encore celui de 1633, mais la question aurait été, paraît-il, traitée très négligemment, et on aurait appliqué, là, la coutume de Paris.

(2) *Cahiers*, art. 156 : « Donation faite à l'un des mariés, est

La clause ordinaire du contrat de mariage que nous avons rapportée plus haut était donc considérée comme n'ayant aucune valeur. Il ne fallait conclure autre chose de sa présence, « sinon que l'ignorance des notaires ou la timidité des parties leur faisait souvent insérer dans les contrats des causes très superflues ».

*
* *

Le mari pouvait disposer de tous les biens communs suivant son gré. « Le mari, constant le mariage peut disposer et ordonner par donation, vendage, permutation et autres contrats faits entre vifs, des meubles étant communs et des héritages acquis constant ledit mariage ; soit que lesdits acquets soient faits par lui et sa dite femme conjointement ou par l'un d'eux (1). » Son pouvoir absolu de disposition allait jusqu'à lui permettre de disposer des biens communs à titre gratuit, ce que le Code civil devait plus tard lui interdire expressément. Il ne fallait pas, cependant qu'il abusat de ce pouvoir aux dépens de sa femme. S'il avait agi dans une intention frauduleuse, son acte était atteint de nullité radicale. Mais c'était le seul cas dans lequel les droits

_____

tenue et réputée acquet ; sinon qu'elle fut faite par un ascendant ou autre parent, auquel ledit donataire dut succéder. Auquel cas ladite donation sera réputée propre et héritage au donataire ; fors et réservé en ce qui excéderait la portion pour laquelle ledit donataire eut été héritier du donateur, ou qu'autrement il fut convenu et accordé. »

(1) Art. XXII.

du mari se trouvaient être restreints. Sa qualité de chef
et de maître de la communauté lui permettait de tout
faire et même de « jeter à la mer », « in mare si libue-
rit projicere », l'argent et les autres biens meubles et
immeubles dépendant de la communauté. S'il avait des
dettes personnelles, il pouvait donner « in solutum »
tout ou partie des acquets communs. Il lui était permis
de racheter les héritages vendus par lui ou par ses auteurs sous condition de rachat, d'acquitter les cens,
rentes et autres charges réelles dues sur ses propres
sans que sa femme ou les héritiers de sa femme puissent
lui réclamer la moitié du prix de rachat (1). Celle-ci
sans doute jouissait d'avantages analogues, mais, alors
que son mari avait pleine liberté d'agir pour son compte,
elle ne pouvait pas le forcer à consacrer à cet usage
les deniers communs.

C'était une injustice certaine dont on ne s'inquiéta
pas pendant longtemps. « Cela est peu, dit Bernard
Martin, au prix et à comparaison de tant de grands
droits, faveurs et avantages que notre coutume donne

---

(1) Art. XXV : « La femme ne participe point es héritages qui sont
rachetés par son mari constant leur mariage, lesquels héritages au-
roient été vendus ou baillés à rachat, ou qui se peuvent racheter
par son dit mari ou ses prédécesseurs à rachat ; et ne peut ladite
femme après le décès de son mari ne aussi les héritiers d'icelle
femme, aucune chose quereller ou demander es deniers du prix dudit
rachat, ni semblablement es rentes ou censes ou autres charges réelles
dont l'héritage de son dit mari serait déchargé ; et pareillement sera
fait des héritages cens ou rentes de ladite femme rachetés par son dit
mari ou par elle. »

aux femmes sur leurs maris (1). » La jurisprudence
finit cependant par s'émouvoir de cet état de chose, et,
à partir du XVII⁰ siècle, l'article 23 du titre des gens
mariés tomba en désuétude « parce que, dit l'avocat
général Durand dans ses savantes remarques sur les
institutions du droit coutumier de cette province, cet
article contient une injustice manifeste (2) ».

Pour les délits dont le mari s'était rendu coupable
et les amendes qu'il avait encourues, la communauté
était obligée pour le tout. La peine de la confiscation,
cependant, qui, dans la plupart des coutumes, com-
portait la mainmise sur tous les biens communs, sans
que la femme pût y prétendre la moindre part, n'eut
jamais, au duché de Bourgogne, cette conséquence désastreuse pour les intérêts de l'épouse qui restait
libre, dans ce cas, de réclamer sa part des meubles et
conquets (3).

Mais si le mari pouvait ainsi disposer à son gré des
biens communs au cours du mariage, même par donation entre vifs, il ne lui était possible d'aliéner par donation à cause de mort ou par testament que sa propre
part de communauté. « Le mari ne peut grever sa
femme es biens meubles et acquets par testament ne

_____

(1) B. Martin, p. 336.
(2) *Institutes du droit coutumier*, p. 179.
(3) *Anciennes coutumes* rapportées par Bouhier, art. 399 : « Toutes
voyes, s'il a femme, elle ne perd pas sa part des meubles, de l'acquet,
ne son douaire ; et demoura chargée de la moitié des dettes de telle
portion qu'elle prendra en meubles et acquets. »

ordonnance de dernière volonté, ne aussi semblablement au droit de son douaire (1). »

Quant à l'épouse qui n'obligeait pas la communauté
par ses délits personnels, elle n'avait aucun droit sur
les biens communs pendant le mariage. Ses droits ne
s'ouvraient qu'au jour de la dissolution de l'union conjugale.

* *
*

Le mariage valablement contracté était indissoluble
quant aux personnes. Mais quant aux biens, on comp-
tait à côté de la mort naturelle de nombreuses causes
de dissolution :

La séparation de corps qui ne faisait perdre à l'épouse
ni son douaire ni ses précipuités, ni sa moitié dans les
meubles et conquets si, en réclamant cette séparation,
elle n'avait pas renoncé expressément à tous ses droits
de femme commune ;

La séparation de biens, qui, au contraire, impliquait
de sa part une renonciation tacite à la communauté ;

La mort civile ;

L'absence, sous certaines conditions ;

Il était même de jurisprudence constante que le mari,
trompé lors de son mariage par des déclarations men-
songères de sa future épouse sur l'étendue de son passif, pouvait obtenir, sur sa demande, la liquidation immédiate de la fortune commune (2).

(1) Art. XXIII.
(2) Bannelier sur Davot, VII, p. 33.

La communauté dissoute, les opérations de liquidation et de partage commençaient immédiatement.

Pour l'exécution des conventions matrimoniales, la femme jouissait d'une hypothèque légale sur les immeubles de son mari, du jour de son contrat de mariage. Quant aux indemnités qui pouvaient lui être dues à raison des obligations auxquelles elle avait pu souscrire pendant la durée de la communauté, son hypothèque légale ne prenait rang qu'à compter du jour même où elle se trouvait obligée (1). C'était une sage coutume propre à notre province et qui devait être admise plus tard par les rédacteurs du Code civil (2). Dans la coutume de Paris, au contraire, et dans le droit coutumier en général, ces sortes de créances jouissaient de la garantie hypothécaire à la date même du contrat de mariage : règle injuste et funeste pour les tiers de bonne foi.

Sa part dans l'actif de la communauté ne revenait à la femme que grevée d'une moitié du passif commun (3).

_____

(1) Arrêt du 22 décembre 1625. — « A Dijon, on ne la donne aux femmes que du jour qu'elles ont contracté la dette dans laquelle les maris les engagent ; et souvent cette date est inutile. Aussi les parties bien avisées ne manquent pas de stipuler l'hypothèque de cette indemnité à la date du contrat de mariage, et alors, *in vim pacti*, les juges la font remonter à cette époque. » — Bannelier sur Davot, VII, p. 25.

(2) C. c., art. 2135.

(3) « Femme mariée, selon la générale coutume du duché de Bourgogne, après le trépas de son mari est vêtue et saisie de la moitié des biens meubles et immeubles demeurés au décès de son dit feu mari » (art XXXIII). — « La femme qui est participante pour la moitié des biens meubles et acquets communs entre son mari et elle, est tenue,

Pour cette moitié des dettes, elle était tenue jusque sur ses propres, sans qu'elle put jamais, au duché de Bourgogne, invoquer ce bénéfice d'émolument que lui reconnaissaient la grande majorité des autres coutumes provinciales (1). Si le passif était, à ses yeux, trop considérable, elle n'avait qu'à renoncer à la communauté. Cette dernière faveur était accordée aussi bien à la veuve noble qu'à la roturière, mais pendant très longtemps les formalités de cette renonciation furent différentes suivant la condition sociale de la femme « étant bien juste que les personnes nobles aient quelque préférance sur les roturières ».

La renonciation de l'épouse noble devait être faite verbalement en présence du juge ou du notaire, ou, à

---

après le trépas du mari, de payer la moitié de toutes dettes dues par son dit mari ou par elle; et ne sont pour legats et frais funéraires réputé dettes » (art. XXVIII). — « Et semblablement est tenu le mari de payer la moitié de tous les debts dûs par sa femme » (art. XXIX). — « Et peuvent les créanciers agir contre les héritiers du défunt débiteur pour le tout si iceluy défunt estobligé seulement, agir contre la femme pour la moitié de la dette si bon leur semble » (art. XXX). — « Et si les créanciers agissent pour le tout contre les héritiers du mari trépassé, les dits héritiers auront leur recours pour leurs intérêts et pour la moitié de la dette à la dite femme » (art. XXXI). — « Et si les dits mariés sont obligés ensemble, les dits créanciers pourront agir selon la forme de leurs obligations » (art. XXXII).

(1) Bannelier sur Davot, VII, p. 332. — B. Martin, p. 229 : « La moitié des dettes dut-elle absorber ses propres, une veuve n'en devrait pas moins cette moitié sans aucun recours sur les héritiers de son mari et en pure perte pour elle. Qu'elle s'impute si sous l'appat du douaire, elle a volontairement accepté une communauté surchargée de dettes. »

leur défaut, en présence du curé ou du vicaire du lieu du domicile conjugal. « Entre gens nobles la femme qui voudra demeurer quitte de payer la moitié des dettes par son mari et elle dûs au jour du trépas de son dit mari, et qui ne se voudra entremettre es biens de son dit mari après le trépas d'icelui son mari, sera tenue, si elle est au lieu où son mari sera trépassé, de faire la renonciation audits biens de son mari, en présence du juge, ou du notaire et de témoins, ou en présence du curé ou du vicaire du lieu et de témoins, au défaut dudit juge et de notaire, avant qu'on tire le corps du trépassé hors de l'hôtel. Et si elle n'est audit lieu, elle sera tenue de le faire dedans vingt-quatre heures après ce que le trépas de son mari sera venu à sa connaissance. Et en ce faisant, elle sera quitte des debts par son mari et elle dûs. Et avec ce ne prendra aucun douaire coutumier ou divis sur les biens de son dit mari (1). »

La renonciation de la femme roturière offrait encore une plus grande originalité. « Entre tous autre gens, se la femme veut demeurer quitte et déchargée de payer la moitié desdits debts de son mari et d'elle et qu'elle ne se veuille entremettre es biens de sondit mari, elle sera tenue de soi desceindre, et laisser la ceinture sur la fosse de sondit mari, incontinent après l'enterrement d'icelui, si elle est au lieu ou il sera trépassé. Et se elle n'y est, ou qu'elle ait empêchement légitime et notoire tellement qu'elle ne puisse venir au

(1) Art. XXXVIII.

lieu où son mari est inhumé, dedans vingt-quatre heures, elle sera tenue de soi desceindre, et faire renonciation aux dits biens de son mari, au lieu auquel elle
sera, en la présence du juge du lieu, ou de notaire et
de témoins, du curé ou du vicaire dudit lieu, et de
témoins, dedans vingt-quatre heures après que le trépas de son dit mari sera venu à sa connaissance. Et en
ce faisant, elle sera quitte des debts dûs par son dit
mari et elle. Et avec ce ne prendra aucun douaire coutumier ou divis, sur les biens de son dit mari (1). »

C,était une très ancienne coutume que celle qui consistait pour les femmes mariées à laisser ainsi leurs
clefs sur la sépulture de leurs maris, en signe de renonciation à la communauté. Il était même passé en dic-
ton, de ce fait, que l'épouse renonçante « enfermait
son mari à clef dans sa fosse ». On ne pouvait mieux
exprimer qu'on se « départ » de la société conjugale,
nous dit Taisand, qu'en quittant la ceinture où étaient
attachées les clefs de la maison « ce qui est une marque évidente qu'on abandonne entièrement les biens et
le pouvoir qu'on avait, le maniement et la conduite des
affaires (2) ».

Nous avons dit que le privilège de la renonciation n'a-
vait été introduit que bien longtemps après l'établissement de la communauté conjugale en France et que,
de réservé aux nobles dames qu'il était à l'époque des

(1) Ad. XXXIX.
(2) Taisand, p. 274.

croisades, il avait été étendu dans la suite aux femmes
roturières (1). Cette originale formalité de la déceinte
remontait à cette époque primitive. Elle se trouvait être
alors le seul mode de renonciation possible et ce fut
sous cette forme, qu'au XVᵉ siècle, la veuve de Philippe le Hardy renonça à la communauté que les folles
dépenses de son mari avait réduite à un passif considérable : « Et là, la duchesse Marguerite sa femme,
renonça à ses biens meubles, pour le doute qu'elle ne
trouvat trop grandes dettes, en mettant, sur sa repré-
sentation, sa ceinture avec sa bourse, et les clefs
comme il est de coutume, et de ce demanda instrument
à un notaire public qui là était présent (2). »

Mais cette formalité fut de bonne heure jugée « in-
décente et honteuse ». On commença par en dispenser
les femmes nobles qui n'y sont plus astreintes dans le
texte de nos coutumes de 1459 : et l'Ordonnance de 1667
abolit, en fait, ce vieil usage en donnant à la femme,
noble ou roturière, un délai de trois mois pour faire
inventaire, et, à dater de cet inventaire, un nouveau
délai de quarante jours pour renoncer (3). Au lendemain de cette ordonnance qui fut immédiatement enre-
gistrée au parlement de Bourgogne, les femmes eurent

---

(1) Cf. Titre premier, p. 60.

(2) Cité par Loysel, *Institutes*, I, p. 164.

(3) Ordonnance de 1667 sur la réformation de la justice, art. 5 du
titre VII : « La veuve qui sera assignée en qualité de commune, aura
les mêmes délais pour faire inventaire et délibérer, que ceux accordés
ci-dessus à l'héritier, et sous les mêmes conditions. »

le choix de se plier aux anciennes prescriptions de la Coutume provinciale ou d'accomplir les formalités nouvelles : il ne semble pas qu'elles aient hésité beaucoup entre ces deux parties.

Le droit de renonciation n'avait été accordé au femmes qu'à regret, sous le coup de nécessités pressantes.

La défaveur avec laquelle les jurisconsultes primitifs envisageaient cet abandon au mari de toutes les charges communes se maintint dans les mœurs et les lois jusqu'au Code civil. C'était un désavœu formel des actes du mari, un manque de respect à sa mémoire, une injure même qui devait entraîner pour la femme un châtiment mérité. La coutume interdisait donc à l'épouse renonçante de réclamer son douaire, soit divis soit coutumier, et la jurisprudence, allant plus loin encore que le texte même de la coutume (1), la privait de tous les biens qu'elle pouvait avoir ameublis, de sa « chambre garnie », de ses bagues et joyaux, de tous les avantages stipulés par contrat de mariage ou consentis en sa faveur par son mari (2).

(1) Arrêts de Dijon, 11 janvier 1549 et 2 août 1578. — Taisand, p. 269.

(2) « Au surplus si, au cas de renonciation, il ne lui faut point de douaire, de même elle ne peut demander ni bagues et joyaux, ni autres précipuités matrimoniales ; car ores que le statut n'en dit mot, néanmoins, par interprétation extensive, on peut aller jusque là n'y ayant rien de plus favorable que le douaire « quod datur in prœmium « virginitatis. » Joint que comme la femme venant à mourir la première il ne lui faut ni douaire, ni bagues, ni autres précipuités, de même venant à renoncer à la communauté. » Martin, 530.

Ces peines étaient sévères, mais la renonciation n'en restait pas moins une faveur, et une faveur réservée personnellement à la femme, toujours refusée à ses propres héritiers par la Coutume elle-même (1). D'ailleurs, les contrats de mariage permirent d'assez bonne heure aux femmes d'éviter cette triste alternative de se voir privées de tous les avantages que leurs maris avaient pu leur consentir, ou d'accepter une communauté dont elles devraient solder les dettes sur leurs biens personnels.

Nonobstant sa renonciation la veuve devait jouir de ses « habits de deuil ». L'expression « habits de deuil » comprenait tout ce qui était nécessaire pour que le deuil fut porté convenablement, selon la condition des mariés ; tous les frais inutiles restaient non seulement à la charge personnelle du survivant mais pouvaient être même pour lui une source de démêlés avec la police locale, s'il se permettait d'étaler en public un luxe réservé par les usages aux survivants nobles seuls (2). Ces habits, d'ailleurs, n'étaient pas pris sur la communauté mais bien sur la fortune du défunt, et le mari survivant y avait droit en Bourgogne au même titre que la veuve

(1) Arrêt Dijon, 9 mars 1665. — Taisant, p. 271.

(2) « Il n'appartenait pas à un villain de porter une robe à longue queue et ballier le pavé *cum bis ter ulnarum toga*, ou porter l'épée sous le grand manteau, voire même comme il est permis aux nobles et aux officiers des cours souveraines. » Un pâtissier d'Auxonne ayant osé porter une robe à grandes manches à l'enterrement de sa femme fut condamné à une amende pécuniaire par le maire dudit lieu et la dite amende confirmée par arrêt. B. Martin, p. 203.

contrairement au droit commun (1). Ils cessaient d'être dus à la femme si elle se remariait dans l'an de deuil.

Lorsque la femme renonçante s'était rendue coupable de récélé sur les biens communs, la Coutume mettait à sa charge la moitié des dettes de la communauté, sans lui rendre pour cela son douaire ni les avantages que sa renonciation lui avait fait perdre (2). Elle était en outre déchue de sa part dans les biens distraits ou récélés, contrairement à ce que décidait la coutume de Paris, mais elle était participante avec son mari sur tous les autres effets communs (3).

On ne faisait aucune distinction en Bourgogne entre les récélés commis avant ou après la renonciation (4), et l'Ordonnance de 1629 se décidait formellement dans le même sens : « Tous ceux qui se trouveraient avoir récélé ou détourné des biens de la communauté à laquelle ils voudraient renoncer, avant ou après ladite renonciation, seront tenus des dettes de ladite commu-

(1) « Spectant ad hreredem ut debita contracta in obitu vel post obitum defuncti. » Dumoulin, *Note sur la coutume,* sur l'art. XXVIII, page 77. — « Il serait honteux que le mari ne porta pas le deuil et injuste que ce fut à ses dépens ! » Bannelier sur Davot, VII, page 34.

(2) Art. XL : « Et s'il s'est trouvé que lesdites femmes (soit nobles ou autres) ayent soustrait ou récélé aucuns des biens communs entre leurs maris trépassés et elles, en ce cas elles seront tenues de payer la moitié des droits, nonobstant la dite renonciation. Et n'entendons point que parce ladite femme demeure quitte des debts par elle dus, avant le mariage de son mari trépassé et elle. »

(3) Cf. Code civil, art. 1,477.

(4) Taisand, p. 277.

nauté nonobstant leurs dites renonciations (1). » Il est
vrai cependant, que, si la veuve soustrayait ou récélait
des effets de la communauté après que la succession du
mari eut été acceptée et que ses héritiers fussent en-
trés en possession des biens qui leur étaient échus,
elle devait être poursuivie *actione furti*, sans qu'on
put, en vertu d'un tel récélé, la rendre portionnaire.

*
* *

La communauté coutumière, telle que nous venons
de l'exposer, faisait, en somme, à la femme une situation assez précaire. Mais il était bien rare qu'elle ne
fut pas modifiée par les contrats de mariage, pour les
personnes qui auraient eu le plus à se plaindre d'une
application stricte des règles de la coutume.

Nous avons montré que, d'assez bonne heure, la communauté primitive, changeant de caractère, était devenue une véritable société de biens ayant ses règles
propres. Les deux parties en cause réglaient expressément les conditions de leur union, avant de s'engager
dans les liens du mariage. Elles passaient un contrat
ou traité de mariage dans lequel elles atténuaient à
leur convenance les règles les plus dures de la coutume
et rendaient la communauté moins intime pour sauvegarder leurs intérêts respectifs. Les diverses clauses
qu'elles pouvaient insérer étaient multiples. Elles pouvaient écarter totalement le régime de la communauté,

(1) Art. 127.

par une renonciation de la future épouse à tous ses droits de femme commune, ou en stipulant la séparation de biens. Le plus fréquemment, elles se contentaient de modifier la communauté légale par une des clauses suivantes :

Les clauses de remploi ;

La clause d'ameublissement ;

La stipulation d'anciens conventionnels ;

La stipulation que chacun des époux paierait ses dettes particulières antérieures au mariage ;

La stipulation que les bagues et joyaux seraient pris sur les propres du mari ;

La stipulation que les habits, linge et chambre garnie dus à l'épouse seraient pris par préciput ;

La réserve de pouvoir se donner entre époux pendant le mariage.

Les père et mère des futurs époux pouvaient, eux aussi, faire insérer certaines clauses qui les intéressaient particulièrement : la stipulation que la dot consentie s'imputerait sur la succession du prémourant ou le rappel à leur succession de leur fille mariée par « mariage divis », et exclue comme telle par la coutume elle-même.

Nous n'insisterons que sur les principales de ces clauses diverses, sur celles qui offraient quelques particularités intéressantes dans la coutume du duché de Bourgogne.

*
* *

Sous le régime particulier de la séparation de biens
conventionnelle, il était à peu près impossible au mari
de compromettre la fortune de son épouse. La femme
mariée ne pouvait être poursuivie que dans le cas où
elle s'était engagée elle-même expressément.

Mais la femme séparée ne devenait « maîtresse de ses
actions » qu'en ce qui concernait la disposition de ses
revenus et l'aliénation de ses meubles. Elle n'avait pas
le droit de disposer de ses immeubles sans l'autorisation
de son mari. Celui-ci avait, en effet, le plus grand intérêt
à ce que cette fortune immobilière dont les revenus seraient, au moins en partie, à assurer l'éducation et l'entretien des enfants, fut conservée intacte. Ses pouvoirs
se bornaient donc à disposer de ses meubles et des
revenus de ses immeubles, à consentir des baux à terme
dans certaines conditions, à donner quittance des sommes qui lui étaient payées et à s'obliger personnellement pour sa nourriture, son entretien, et pour la ran-
çon de son mari.

Le régime de la séparation de biens, si contraire, comme
nous le voyons, aux principes de la communion intime
entre les deux époux, était assez fréquent entre com-
merçants dans les pays coutumiers, mais il ne semble
pas avoir été vu avec faveur au duché de Bourgogne,
même par cette catégorie de gens mariés auxquels il
aurait été cependant très utile. Les commentateurs de
notre coutume n'en parlent qu'en termes peu favorables

et ils témoignaient peu d'estime aux époux qui l'adoptaient. « Ce que j'ai vu des mariages de cette manière n'ont pas été paisibles, nous dit Bannelier, ces nouveautés ont mal réussi en cette province aux premières qui en ont ammené la mode. Des maris accoutumés à l'idée du gouvernement total souffrent avec impatience que quelque article échappe à leur autorité. C'est donc mieux fait de s'en tenir à ce qui est plus ordinaire, et si cela n'accommode pas certains esprits, il n'y a rien de meilleur pour de telles filles que de demeurer dans le célibat (1). »

*
* *

Dans la communauté coutumière, la dot mobilière de la femme faisait partie des biens communs. Le mari en devenait donc seigneur et maître absolu, sans jamais avoir à en rendre compte. Pour atténuer cet inconvénient si grave, sans que la constitution dotale dut être faite en biens immeubles réservés par les usages aux enfants mâles, on stipulait d'ordinaire certaines garanties spéciales connues en Bourgogne sous le nom « d'assignaux ».

Par contrat de mariage, en même temps que les père et mère de la future épouse reconnaissaient une dot mobilière à leur fille, le fiancé livrait ou permettait de livrer, en garantie de cette dot, un ou plusieurs de ses immeubles personnels spécialement désignés. Nous

(1) Bannelier sur Davot, VII, p.

avons constaté déjà une convention de ce genre dans le contrat de mariage d'Agnès, fille de Saint Louis, avec le duc de Bourgogne Robert II (1). Cet usage se maintint très longtemps dans notre province.

On distinguait deux cas.

Si les deniers de mariage étaient assignés sur tous les biens du mari, en général, ou s'il y avait en seulement promesse d'assigner, ils devaient être pris sur la masse avant tout partage, à la dissolution de la communauté, et si l'actif commun se trouvait insuffisant, les propres du mari étaient grevés de la différence.

Si l'assignat des deniers dotaux portait, au contraire, sur un ou plusieurs des fonds propres du mari spécialement désignés, la garantie de la dot était tout particulièrement forte. La femme ou ses héritiers pouvaient, de plein droit, se mettre en possession des immeubles ainsi grevés et les détenir jusqu'au jour du remboursement des deniers dotaux. « La femme après le trépas de son mari est saisie des assignaux à elle faits en particulier par son mari, pour les deniers de son dot et mariage, et semblablement en sont vêtus et saisis ses héritiers : et fait la dite femme après le trépas de son dit mari, les fruits des dits assignaux siens sans les compter au sort ; et au regard des héritiers de la dite femme ils comptent les fruits au sort si autrement n'est convenu par traité de mariage ou d'assignal (2). » La

(1) Cf. titre I, ch. I.
(2) Art. XXXVI.

femme touchait intégralement tous les revenus des immeubles assignés, du jour de la dissolution de la communauté, pour la dédommager des intérêts de sa dot
dont elle était privée. Les héritiers, au cas où le survivant se trouvait être le mari, jouissaient d'avantages
identiques, mais ils devaient cependant, imputer sur le
capital de la dot tout ce qui, des revenus des assignaux,
excédait les intérêts légitimes des deniers dotaux, « à
moins qu'il n'en ait été convenu autrement par traité
de mariage ou d'assignal ». Chasseneuz prétendait, dans
ce dernier cas, que les revenus entiers des immeubles
assignés devaient être imputés sur la dot (1). Mais cette
opinion fut absolument isolée ; il n'y avait, en effet, aucune raison pour traiter les héritiers de la femme avec
une semblable défaveur.

La convention d'assignal était donc une véritable
constitution d'antichrèse « in diem et sub conditione »
puisqu'elle ne devait produire son effet qu'au jour de
la dissolution de la communauté. Dans la coutume du
Nivernais (2), qui, elle aussi, admettait de telles garanties pour la dot mobilière, l'assignal était considéré « à
l'instar d'une vente que le mari fait de son héritage à sa
femme et qui opère la vraie translation de propriété ».
Cet héritage ne pouvait plus être repris par le mari ou
ses héritiers après un délai de trente années qui en

_____

(1) Chasseneuz IV, ord. XVII : « et semblablement » n⁰ 1. — « et
en regard » § 17, n⁰ 1.
(2) Cf. 23, art. 12 et 13.

transférait définitivement la propriété à la femme ou à ses héritiers. Dans la coutume du duché de Bourgogne, la faculté de rentrer en possession de l'immeuble assigné ne pouvait jamais se prescrire (1) ; il n'y avait, au profit de l'épouse, qu'un simple droit d'antichrèse sans translation de propriété (2). Jusqu'au jour où il lui fallait restituer la dot, le mari conservait la libre disposition de ses héritages assignés ; il pouvait même les aliéner, et, ainsi que nous le prouve un arrêt du 1er décembre 1670 (3), les héritiers de la femme ou la femme elle-même n'avaient, dans ce cas, qu'une simple action hypothécaire contre les acquéreurs.

L'usage de ces assignaux si favorable aux femmes mariées ne se maintint pas, cependant, jusqu'à la fin de l'ancien régime, en Bourgogne, et Bannelier nous dit que « de sa vie », il n'a vu un seul contrat de mariage contenant assignal (4).

Pour empêcher les deniers dotaux d'entrer en communauté il existait, en effet, certaines conventions spéciales qui devinrent en un temps beaucoup plus en usage que la convention d'assignal. On pouvait stipuler, en particulier, que ces deniers dotaux « sortiraient na-

---

(1) Art. XXXVIII : « Le mari ou ses héritiers peuvent avoir et recouvrer toutes et quantes fois que bon leur semble, nonobstant quelque laps de temps, l'assignal des deniers du mariage de la femme en rendant les deniers assignés pour le dit mariage. »

(2) Bouhier, II, p. 1009. — B. Martin, p. 51. — Taisand, p. 266.

(3) Taisand, p. 251.

(4) Bannelier sur Davot, VII, p. 67.

ture d'anciens pour la femme et les siens » et qu'à la dissolution de la communauté il seraient pris sur la fortune personnelle du mari, en cas d'insuffisance des biens communs sur lesquels ils devaient être prélevés.

Depuis le XVᵉ siècle, d'ailleurs, l'hypothèque légale garantissait suffisamment la restitution de cette dot.

*
* *

La clause de remploi était en contradiction formelle avec les principes de la communauté primitive. Elle était née de cette préoccupation que nous avons signalée de sauvegarder, dans la mesure du possible, la fortune personnelle de la femme. Il y était stipulé que « la dot de la femme et le remploi de ses propres seraient pris sur les biens du mari en cas d'insuffisance des biens communs ». Pendant longtemps le prix de tout propre aliéné était tombé en communauté. Mais les ventes étaient si rares que le besoin du « remploi » ne se faisait pas sentir. Ce ne fut qu'avec le développement du commerce et des fortunes mobilières que pareille stipulation apparut dans les contrats de mariage. On la constate pour la première fois à Paris au XVIᵉ siècle, et ce fut de là qu'elle fut admise au duché de Bourgogne, vers la même époque, pour y passer de style rapidement et finir par être sous-entendue comme principe général du droit des gens mariés.

En 1608, à l'époque où Loysel écrivait ses Institutes coutumières, elle devait encore être expressément stipulée puisque le vieux jurisconsulte conseille au mari dont la femme n'avait pas exigé l'insertion de cette clause dans son contrat de mariage « de se lever trois fois la nuit pour vendre les biens de son épouse ».

Mais nous avons deux certificats délivrés par des avocats du parlement de Dijon, l'un du 12 février 1684, l'autre du 12 mars 1688 où nous constatons qu'à la fin du XVIIᵉ siècle le remploi n'avait plus besoin d'être stipulé (1). « L'usage est général dans toute la province de Bourgogne, où les mariés sont communs en meubles et acquets, qu'après la dissolution du mariage, les remplacements des biens anciens de la femme se font sur les biens de la communauté si elle est utile, et si elle ne l'est pas les remplacements des dits anciens de la femme aliénés pendant le mariage se font sur les biens propres du mari. »

*
* *

En examinant les effets de la renonciation de la femme à la communauté conjugale nous en avons montré les conséquences fâcheuses qui lui interdisaient de réclamer son douaire aussi bien que les libéralités mêmes qu'elle avait obtenues de son défunt mari. Cette situation de l'épouse était des plus précaires sous notre Coutume, en compararaison de la situation faite aux femmes renonçantes dans la plupart des autres pays coutumiers. Le contrat de mariage permettait heureusement de remédier à cet inconvénient. Les femmes prenaient la précaution de stipuler que, malgré leur renon-

(1) Taisand, p. 255.

ciation à tous leurs droits d'épouses communes en biens,
elles n'en recueilleraient pas moins leurs douaires, et
pourraient reprendre « franchement et quittement tout
ce qu'elles avaient apporté », même ce qu'elles avaient
ameubli. C'était la clause de « renoncer et reprendre »,
appelée plus vulgairement, au duché de Bourgogne,
clause parisienne, comme étant destinée à introduire
dans notre province en usage constant sous la coutume
de Paris. Ce ne fut, d'ailleurs que très tard que cette
stipulation fut admise au parlement de Dijon, et, en
1735 Raviot écrivait qu'il n'y avait pas plus de cinquante ans qu'elle était devenue « familière » en Bourgogne (1).

Mais tandis qu'à Paris, alors que la future épouse
avait pris de semblables précautions contre son mari,
la coutume permettait à celui-ci de retenir une certaine somme d'argent, pour frais de noces et autres, si
le mariage venait à être dissous dans un nombre d'années déterminé, il lui était impossible, au duché de
Bourgogne, de réclamer cette indemnité si légitime.
Aussi, les notaires cherchaient-ils à restreindre les effets
de cette clause dans l'intérêt même des maris par trop
sacrifié. A la fin du siècle dernier, on supprimait le mot
« tout » dans le libellé de la clause qui avait compris
jusqu'alors l'ameublissement dont le remboursement
était toujours trop onéreux pour le mari, et on restrei-
gnait les reprises de la femme à ses propres anciens.

(1) Raviot, 660.

La clause de renoncer et reprendre n'offrait, dès lors, rien d'injuste et ce fut avec cette étendue restreinte qu'elle fut insérée jusqu'au Code civil, dans tous les contrats de mariage.

*
* *

Une autre stipulation, non moins fréquente que celle dont nous venons de parler, était la clause en vertu de laquelle il était permis aux héritiers de la femme de renoncer à la communauté conjugale. « Le privilège de la renonciation est personnel et tellement propre à la femme que, si elle meurt avant son mari, ses héritiers ne sont point recevables à renoncer à la communauté d'entre elle et son mari, et s'ils veulent être déchargés des dettes communes il faut qu'ils abandonnent entièrement la succession de la femme (1). » Il en fut ainsi jusqu'au Code civil, au duché de Bourgogne, contrairement à ce qui se passait dans la plupart des autres provinces. Pour que les héritiers de la femme pussent invoquer cette faveur, il fallait un contrat, et une clause spéciale de ce contrat la leur réservant expressément. Pendant longtemps même, les enfants à naître du mariage furent seuls appelés à en jouir, et ce ne fut qu'au XVII siècle que la jurisprudence bourguignonne permit de généraliser cette dérogation à la Coutume.

*
* *

C'était encore pour que la femme put conserver en

(1) Arrêt 9 mars 1665. — Taisand, p. 272.

propre le montant d'une libéralité en biens meubles qu'elle tenait de son fiancé qu'il fut permis d'insérer, dans les contrats de mariage, la clause spéciale d'après laquelle les « bagues et joyaux » seraient pris sur les propres du mari et ne compteraient plus parmi les biens communs. Ces « bagues et joyaux » étaient des présents donnés par le futur à sa fiancée avant le mariage et à l'occasion des noces. Sous le nom de « joyaux » on entendait les bijoux et pierreries, et, plus généralement, tous les cadeaux précieux, tandisque le mot « bagues » désignait « les habits et autres nippes » de moindre valeur.

Dans certaines provinces, ces libéralités étaient obligatoires et devaient être proportionnelles à la dot de la femme. C'est ainsi que dans tous les pays de droit écrit du ressort du parlement de Paris, comme dans ceux du ressort du parlement de Dijon, dans la Bresse et le Bugey, elles étaient fixées à l'égard des nobles au dixième de la dot et au vingtième pour les roturières (1).

Elles n'étaient pas dues de plein droit au duché de Bourgogne. Mais l'usage de ces bagues et joyaux était à tel point passé dans les mœurs que tout « honneste » fiancé devait se soumettre à cette exigence. C'était, d'ailleurs, une très vieille coutume que celle qui con-

---

(1) On peut comparer ces « bagues et joyaux » à nos « corbeilles de nocel », et l'usage ancien de calculer le montant de la corbeille sur celui de la dot doit venir de cette proportionnalité entre les bagues et joyaux et la dot.

sistait, pour le futur époux, à consentir gracieusement
quelques dons à sa future épouse. Nous l'avons cons-
tatée dans les lois burgondes. Nous l'avons suivie au
Moyen-Age, et c'est de cette coutume d'où nous avons
vu sortir le douaire de la veuve et la communauté conjugale. Des contrats de mariage des XVe et XVIe siècles que nous rapporte Bouhier nous parlent déjà de
ces « bagues et joyaux ». Dans un de ces contrats,
de l'année 1454, il est dit que « le futur époux donne
à sa future épouse deux cents saluts d'or pour ses
bagues et joyaux », et, dans un autre de 1528, que
« la future épouse sera jouellée jusqu'à trois cents écus
d'or (1) ».

La coutume « d'enjoueller » ainsi sa femme était
donc absolument générale dans notre province.

Mais, sous le régime de la communauté des meubles
et conquets, les bagues et joyaux, biens mobiliers,
tombaient, du chef de la femme, dans la communauté
conjugale, et celle-ci n'en pouvait jamais réclamer
qu'une moitié, à condition même qu'elle se portât acceptante. Au cas de renonciation, ils restaient la propriété du mari.

Il était naturel, dans ces conditions, que l'on cher-
chât le moyen de laisser à la femme la propriété d'ob-
jets qui lui avaient été donnés personnellement et auxquels s'attachaient pour elle de si nombreux souvenirs.
On stipula donc, dans les contrats de mariage, que la

---

(1) Bouhier, I, p. 449.

femme prélèverait, avant tout partage, « ses nippes,
bijoux, bagues et joyaux » ou une certaine somme
d'argent à leur place. Il en fut ainsi pendant très longtemps, et, ces stipulations passant peu à peu en coutume, on finit par les sous-entendre et établir en règle
coutumière que les bagues et joyaux se prélèveraient
sur la communauté, « soit, nous dit Bouhier, que nous
ayons voulu gratifier les femmes plus qu'on ne le fait
dans le reste du royaume, soit que la fréquence de ces
conventions les ait enfin converties en droit commun (1) ».

Mais pour jouir de cet avantage, la femme devait accepter la communauté (2). Il était nécessaire de lui permettre

(1) Bouhier, I, p. 450.

(2) *Cahiers de réformation*, art. 187 : « Et perdent celles qui ont
ainsi renoncé non seulement leur douaire divis ou coutumier, mais
aussi les joyaux, acquets et autres profits matrimoniaux, et se doivent
contenter de remporter leur dot seulement qui doit sortir nature
d'ancien. » — « Par les arrêts de ce Parlement, il a été perpétuelle-
ment jugé que les bagues et joyaux, ainsi que le préciput, se doivent
prendre par forme de prélèvement sur les effets de la communauté ;
bien entendu que quand la femme y renonce, elle perd cet avantage. »
Bouhier, I, 450. Arrêts 11 janvier 1549, 18 décembre 1593. 21 novembre 1637, 2 juillet 1653. — Cf. un certificat du Parlement de Dijon du
26 mai 1663 : « ... L'usance est telle en Bourgogne, qu'après le décès
du mari, la dot de la femme se rétablit sur les effets de la communauté conjugale, et après la reprise de la dot de la femme, les anciens du mari sont repris sur les effets de ladite communauté. Desquels rétablissements faits, s'il reste quelque chose, sa femme prend
ses bagues et joyaux, son carrosse, sa chambre garnie et ses conventions matrimoniales, et si ladite communauté ne se trouve utile, les
dites précipuités ne se prennent sur les anciens du mari, à la réserve
du douaire, lequel se prend toujours sur les propres du mari. »

de conserver le montant de ces libéralités, dans l'éventualité d'une renonciation à laquelle elle se trouverait contrainte.

Dans ce but, on inséra dans les contrats cette clause que les bagues et joyaux seraient pris sur les propres du mari et non plus seulement prélevés sur la communauté, au cas de renonciation comme à celui d'acceptation. « Cette stipulation est devenue si fréquente que les pauvres maris n'osent plus s'y opposer, non plus qu'à beaucoup d'autres injustices de cette nature qui, depuis quelque temps, se pratiquent dans les contrats de mariage. »

On usait encore d'autres moyens. On stipulait, mais moins fréquemment, que les bagues et joyaux seraient propres à la femme et n'entreraient pas en communauté (arrêt du 23 mars 1633), ou bien qu'ils se prendraient sur les propres du mari au cas où la communauté ne serait pas utile. Les deux premières de ces clauses pouvaient produire effet que la femme acceptât ou non sa part des biens communs ; avec la dernière, elle devait nécessairement se porter acceptante.

*
* *

Le contrat de mariage pouvait contenir encore une stipulation très favorable aux femmes, celle qui consistait, de la part des père et mère à rappeler à leur succession la fille qu'ils avaient dotée et que la Coutume, par ce fait, privait de tous ses droits successoraux.

« Femme mariée de père et de mère par mariage di-

vis, vivans ses père et mère, et à laquelle est constitué
dot et mariage divis par sesdits père et mère, ou par
ledit père seulement, vivant ladite mère, ne retourne
point à succession de sesdits père et mère. ne les descendants d'elle, tant qu'il y ait fils ou enfant mâle des-
cendant dudit fils, s'il ne lui est expressément réservé
par ledit traité : et n'entend-on point par ce priver
la femme de succession collatérale, ne d'autre donation que ses père et mère lui voudront faire sans titre
d'hoirie (1). »

En étudiant les origines des institutions du droit des
gens mariés, nous avons essayé d'indiquer celles de cette
vieille coutume que les textes primitifs rapportés par
Giraud et le président Bouhier nous montrent existant
déjà au XIIIᵉ siècle (2). « Filles mariées de père et de
mère, et pour mariage divis ne viennent point à succession de père ni de mère, ne de collatéraux, avec les
mâles ou les lois des mâles se il ne leur fut réservé, en
elle mariant, qu'elles y peussent venir, en rapportant ce
qu'elles en auront porté (3). »

Il y avait déjà une différence de traitement en faveur de la fille dotée entre ce vieux texte et l'article 79
de la coutume de 1459. Ce dernier l'admettait expressément aux successions collatérales dont elle était exclue selon les usages des XIIIᵉ et XIVᵉ siècles. Ce mou-

(1) Art. LXXIX de la *Coutume.*
(2) Cf. Titre I, page 41.
(3) Bouhier, p. 162. — *Ancienne coutume,* art. 235. — Cf. Giraud,
Ancienne coutume, art. 12.

vement d'idées favorables aux femmes devaient se continuer sous le régime de la Coutume de 1459 et faire admettre, dans les contrats de mariage, la clause dont nous parlons en ce moment. Mais jusqu'au Code civil, cette exclusion des filles fut de droit commun au duché de Bourgogne.

Plusieurs conditions devaient être réunies pour qu'il y ait selon les termes de l'article 79 : « mariage divis » :

La fille devait être dotée par ses père et mère ou par son père seul, mais du vivant de sa mère (1) ;

La dot devait être déterminée et liquide, en fonds ou en argent ;

Et le mariage devait être célébré du vivant des père et mère donateurs (2).

Cette dot tenait lieu de légitime, nous disent les auteurs bourguignons, en ajoutant à cela « que la fille ne pouvait espérer un établissement plus avantageux que celui du mariage quand les père et mère avaient fait choix pour elle d'un mari tel que raisonnablement elle pouvait le souhaiter et qui avait témoigné être content de la dot qui avait été constituée à sa future épouse (3) ».

_____

(1) Arrêts des 9 janvier 1612. 22 mars 1635, 15 mars 1649 confirmant des lettres de restitution obtenues contre une renonciation faite par contrat de mariage à la succession à échoir du père et à celle échue de la mère. — Taisant, p. 492.

(2) Arrêt du 11 janvier 1641, par lequel le parlement de Dijon recouvrait les droits d'une fille dotée par mariage divis, mais mariée après le décès de son père. — Taisant, p. 492.

(3) La fille ainsi mariée, nous dit Baviot, p. 84, n'est plus de la famille « instar mortuæ vel religionem professæ ».

Mais il est à croire que ces mariages de raison lais-
saient, sur le bonheur futur de leurs filles, des doutes
sérieux dans l'esprit des parents, car l'usage de la
clause qui nous occupe était des plus fréquents au
siècle dernier, dans notre duché de Bourgogne.

CHAPITRE III

DES LIBÉRALITÉS ENTRE ÉPOUX

—

C'est encore une disposition toute particulière au duché de Bourgogne que celle que nous allons trouver
dans notre Coutume, en ce qui concerne les libéralités entre époux.

Les donations avant le mariage étaient absolument
libres : on ne pouvait invoquer contre elles aucun des
arguments qui furent opposés par les jurisconsultes
pour prohiber les dons au cours du mariage. Mais les
libéralités consenties entre « mari et femme » étaient
interdites, en règle générale, dans la plupart des pays
coutumiers de l'ancienne France. Le duché de Bourgogne n'échappait pas à cette règle.

« Le mari et la femme ne peuvent faire traité, donations, confession, n'autres contrats constant leur mariage, par testament, n'ordonnance de dernière volonté,
n'autrement au profit l'un de l'autre..... » ainsi s'exprime l'article 26 de la Coutume.

C'était l'application de la règle romaine qui regardait
comme inexistante les libéralités de ce genre. Mais
c'était une application étendue et développée des prin-

cipes romains qui considéraient comme valables les dispositions à cause de mort et par testament, et même, depuis l' « oratio » Antonini, les dispositions entre vifs qui n'avaient pas été révoquées par l'époux donateur avant sa mort. Toutes les libéralités entre époux quelles qu'elles fussent étaient interdites, et Guy Coquille trouvait cette règle « pleine d'honneur, à ce qu'il ne semble que l'amitié, concorde et gracieux traitement soit à vendre et pour faire connaître qu'au cœur est la vraye amour et non à l'extérieur (1) ».

Une seule exception était admise à ces principes dans certaines coutumes et pour certains biens : le « don mutuel » entre mari et femme, espèce d'avantage où tout devait être de part et d'autre, égal et mutuel et qui, par ce motif, avait été déclaré irrévocable, cette mutualité même ayant paru écarter suffisamment les dangers de la captation (2).

Cette exception n'était pas admise au duché de Bourgogne. Mais il en existait deux autres, spéciales à la législation de notre province, et qui donnaient en somme aux époux pleine et entière liberté de se consentir toutes les libéralités qu'ils jugeraient à propos. Elles nous sont indiquées par la seconde partie de l'article 26 : « ..... Si ce n'est du consentement des plus prochains parens vivants, qui devraient succéder au mari ou à la femme

---

(1) Coquille, Introduction au droit français. — Les gens mariés, p. 66.

(2) Cf. Pothier, Introduction au titre XV de la Coutume d'Orléans, nᵒ 119 et suiv.

qui feraient lesdits traités, donations ou contrats, supposé que lesdits contrats ayent été vallés par serment, si autrement par traité de mariage il n'était entre eux convenu. »

Si, pendant le mariage, l'un des époux obtenait le consentement de ses plus proches parents, de ses successibles, à supposer qu'il n'ait pas d'enfant, il pouvait donner à son conjoint la totalité de ses biens. Mais il ne semble pas que ce premier moyen de se soustraire au droit commun ait été mis souvent en pratique. Il était trop contraire à l'intérêt des parents successibles d'accorder ainsi leur consentement à leur propre dépossession pour qu'ils le donnent facilement ; et, dans l'intérêt de l'époux lui-même, le fait de divulguer ainsi ses intentions pouvait avoir des inconvénients sérieux (1).

La seconde exception était de pratique constante. Par une convention expresse, avant les noces, contenue ou non dans le contrat de mariage (2), les époux se réservaient la faculté de se donner l'un à l'autre comme bon leur semblerait, tout ou partie de leurs fortunes personnelles. « Quod est valde captiosum ad recludendam dispositionem juris communis et consuetudinis ; et certe

---

(1) Au cas de plusieurs parents successibles au même degré, si les uns accordaient et les autres refusaient leur consentement, les libéralités étaient valables dans la mesure de la part successorale de ceux qui avaient consenti.

(2) Nous lisons cependant dans le projet de réformation à la fin du nouvel article sur les donations entre époux — « et ne peuvent, de leur consentement, déroger à ladite prohibition, hors ledit traité de mariage... »

licentiosa hæc conventio non debet passim admitti »,
nous dit Dumoulin (1). Mais cette appréciation du
grand jurisconsulte sur cette disposition originale de
notre coutume n'a jamais arrêté le Parlement de Dijon.
Tous les auteurs bourguignons, et de très nombreux arrêts le confirment, nous disent qu'il y avait rien de si
commun en Bourgogne que de disposer entre mari et
femme en vertu de cette clause particulière toujours
insérée dans les contrats de mariage. « Cette liberté de
se donner entre mari et femme, quand on s'en est réservé le pouvoir, écrit Taisand, parait très raisonnable ;
car, s'il en était autrement, leur condition serait pire
que celle de l'étranger auquel on peut donner tous ses
biens, en exceptant néanmoins la légitime due aux enfants (2). »

Il était inutile que cette réserve fut réciproque ou
égale (3), mais il ne fallait pas que ce défaut de réciprocité, ou cette inégalité constituat une fraude quelconque, et, lorsqu'elle avait été valablement faite,
les époux étaient entièrement libres dans les limites
mêmes qu'ils s'étaient fixées. S'ils s'étaient réservés le
pouvoir de se consentir un don mutuel, cette donation

(1) Dumoulin, *Notes sur les coutumes* — sur l'art. VII, de la *Coutume de Bourgogne.*
(2) Taisand, p. 233.
(3) Arrêt du 17 juillet 1592. — Il était impossible à celui des époux
qui ne s'était pas réservé pour lui-même le droit de disposer de ses
biens en faveur de son conjoint de consentir ces sortes de dons.
Martin, 407.

particulière était seule possible : s'ils avaient limité l'é-
tendue de leurs libéralités futures au tiers, au quart ou
à une partie déterminée quelconque de leurs biens, ils
ne pouvaient se donner que conformément à cette
réserve.

Consenties, en général, pour le cas où il n'y aurait
pas d'enfant du mariage c'était, selon un usage à peu
près constant, sur les meubles et acquets et sur l'usufruit des anciens seuls que pouvaient porter les donations entre époux.

Mais aux cas où cette réserve de disposer avait été
oubliée, il était impossible aux époux de se consentir
l'un à l'autre la moindre libéralité, à l'exception des
présents d'usage, et cette prohibition donnait lieu à des
fraudes fréquentes dont la principale se dissimulait sous
une donation par personne interposée. « Ces sortes de
mesures sont bien criminelles, nous dit Bannelier, puisqu'elles violent les conventions faites entre les familles... C'est vol criant, car nous ne sommes maîtres du
bien qu'on nous a donné qu'en gardant les conditions
sous lesquelles il nous a été donné (1). » Ces fraudes, ré-
primées sévèrement, entraînaient bien la nullité de ces
donations, mais il était difficile de les découvrir ; « ce
mystère d'iniquité se consomme dans le secret, il dépend du serment des parties qui se font sur ce chef une
conscience favorable à leurs convoitises ».

(1) Bannelier sur Davot, VII, p. 19.

*
* *

Le don mutuel bourguignon n'était pas soumis à toutes les exigences des autres coutumes en pareille matière.
Il n'y avait même pas positivement de don mutuel au
duché de Bourgogne. Il y avait bien une libéralité réciproque et mutuelle, mais dépourvue de tous les caractères distinctifs du don mutuel des pays coutumiers.
« Quand la réserve est faite, en Bourgogne de se pouvoir
donner réciproquement, elle se doit entendre des portions
et quotité des biens, pour dire que l'on ne peut donner
si au réciproque l'autre ne donne aussi et n'a de quoi
donner. Mais que cette réciprocité s'étende à l'état des
personnes et que si l'un est malade, l'autre en santé, ils
ne se puissent donner mutuellement, cela est hors de
raison puisqu'il n'est pas aux termes d'une prohibition
du Droit ou du Statut, de se donner en maladie ou en
santé non plus qu'entre vifs ou à cause de mort (1). »
Dans le dernier état du droit, sous la coutume de Paris,
le don mutuel était une libéralité réciproque et égale,
faite en usufruit sur une quotité de biens communs,
entre époux d'un âge égal, tous deux en bonne santé et
n'ayant pas d'enfant (2).

---

(1) B. Martin, *Notes*, p. 649.

(2) Paris, art. 280 : « Homme et femme conjoints par mariage estant
en santé, peuvent et leur loist faire donation mutuelle l'un à l'autre
également, de tous leurs biens meubles et conquets immeubles faits
durant et constant leur mariage, et qui sont trouvés à eux apparte-
nir et estre communs entre eux à l'heure du trépas du premier mou-

Ces conditions n'étaient pas exigées dans notre Coutume. Puisque les époux avaient, par contrat de mariage, limité au don mutuel la faculté la plus large de se donner entre eux qu'ils auraient pu consentir, il était nécessaire que cette libéralité fut vraiment mutuelle et réciproque, mais il était inutile qu'elle ait été soumise à des exigences contraires à cet esprit large que nous constatons à chaque pas dans la législation bourguignone. C'était une donation mutuelle mais aussi valable comme donation simple que comme telle. Pourvu qu'il n'y ait eu aucune fraude de part ni d'autre, l'absence d'enfant, l'égalité absolue d'âge ou de fortune n'étaient pas exigées (1).

La donation mutuelle était de plus essentiellement révocable dans notre province contrairement aux principes coutumiers sur la matière. Chacun des époux jouissait d'une entière liberté et pouvait révoquer à son gré la libéralité qu'il avait faite ; mais cette révocation était soumise à certaines conditions dont l'absence la rendait nulle et non avenue. C'est ainsi qu'elle ne devait pas être faite en l'état de maladie sérieuse, et qu'elle devait être signifiée à la personne même du donataire.

---

rant desdits conjoints: pour en jouir par le survivant d'iceux conjoints sa vie durant seulement, en baillant par luy caution suffisante de restituer lesdits biens après son trépas : pourveu qu'il n'y ait enfans soit des deux conjoints, ou de l'un d'eux, lors du décez du premier mourant. »

(1) « Fut-ce même une vieille hors d'âge de faire enfants qui épousai un jeune homme. »

D'ailleurs, il était d'usage d'insérer dans les contrats, à côté de la réserve de cette faculté de pouvoir se consentir une donation mutuelle, une mention spéciale portant que la révocation ne pourrait être faite « qu'en état de bonne santé et deux témoins signants et non suspects (1) ».

Le don mutuel était la seule libéralité qui put être révoquée. Les donations simples entre époux étaient irrévocables aussi bien que les donations entre personnes étrangères l'une à l'autre, suivant l'application stricte de la règle « donner et retenir ne vaut (2) ». « Quand en Bourgogne, il y a réserve de se pouvoir donner et avantager l'un l'autre, les mariés n'ont pas seulement le même pouvoir qui leur est attribué de droit, mais plus grand encore, en ce que les donations étant faites, *ipso momento* qu'elles sont faites, sortent leur entière perfection, et ne faut pas attendre la mort survenant pour les confirmer, et, jusque là, ne sont pas sujettes à révocation de la part du donnant. Par le Droit, les donations pures et simples d'une part, c'est-à-dire qui sont faites par l'un des mariés seulement à l'autre sans réciprocité, *non valent, sed morte confirmantur*, et n'est pas nécessaire qu'elles soient mutuelles (3). »

⁎
⁎ ⁎

Au début de ce chapitre, nous avons fait remarquer que la Coutume du duché de Bourgogne, conforme en

(1) Bannelier sur Davot VII, p. 262.
(2) Bouhier, I, p. 764.
(3) B. Martin, p. 649.

cela au droit commun de la plupart des provinces coutumières, allait jusqu'à interdire entre époux les libéralités à cause de mort et testamentaires. Le texte de
l'article 26 était, d'ailleurs, assez clair pour qu'il n'y
eut sur ce point aucun doute et le Parlement de Dijon
ne se laissa jamais aller à une interprétation contraire.
Il fut cependant fortement sollicité en ce sens par quelques jurisconsultes, au nombre desquels nous comptons
Bernard Martin. Dans l'esprit de ces personnages, qui
tous ont eu leur heure de célébrité, les rédacteurs de
la Coutume n'avaient nullement entendu prohiber les
testaments ni les dispositions de dernière volonté entre
mari et femme. Ils n'avaient visé que les dons entre
vifs et les contrats. Ces mots « par testament, ne ordonnance de dernière volonté ne autrement » de l'article 26 n'auraient voulu rien dire autre, suivant eux,
sinon, que « la Coutume avait entendu tellement prohiber toutes sortes d'avantages faits entre les vifs qu'elle
avait même voulu exclure ceux faits par testament « si-
quidem etiam contractus fieri possunt in testamento (1) ».
Le but de cette théorie qui était de rendre aux époux la
liberté de se laisser l'un à l'autre, à la veille d'une séparation éternelle, un peu de cette fortune personnelle
qui avait contribué pour une grande part, peut-être,
au bonheur commun, était sans doute des plus louables.
Mais, en ce moment même, nous avons sous les yeux
un exemple frappant que toutes les réformes ou les

(1) B. Martin, p. 249.

interprétations plus sages de la loi qui peuvent être
tentés par un magistrat aux idées souvent justes et
conformes à une morale supérieure mais trop neuves
encore, se heurtent inévitablement aux textes eux-mêmes, précis et inflexibles. Loin de nous un regret quelconque à l'adresse des savants conseillers de la cour
d'Amiens ou des dispositions de nos lois. La loi doit
suivre les mœurs et doit donc être forcément toujours
en retard sur elles, mais il est, cependant, certain que
son inflexibilité même, gage de toutes les libertés,
doit, de temps en temps, se plier aux conditions nouvelles de la vie sociale qui se modifient sans cesse dans
le cours des siècles.

Bernard-Martin eut beau s'emporter contre « l'u-
sance commune et invétérée » et dire bien haut « qu'il
n'était pas raisonnable de vieillir en l'erreur et de
croupir toujours dans l'injustice quoique bien recon-
nue et avérée », il ne parvint pas à entraîner la jurisprudence à une interprétation certainement fausse de
la Coutume mais assurément plus conforme à l'équité.

Le Parlement de Dijon avait, cependant, bien compris que ces exigences des textes, fondées il est vrai sur
de sages précautions, n'étaient pas en rapport avec les
mœurs. La Coutume elle-même avait à peine posé ce
principe de l'interdiction des dons entre époux qu'elle
lui avait apporté immédiatement deux restrictions beaucoup plus souvent invoquées que la règle elle-même
en pratique. Aussi, était-ce avec l'esprit le plus large
que les magistrats interprétaient cette réserve de dispo-

ser entre eux à titre gratuit que les futurs époux oubliaient
bien rarement dans leurs contrats de mariage. Nous en
avons la preuve dans de nombreux arrêts où il s'agissait,
pour les juges, de défendre des libéralités faites au survivant contre les attaques des héritiers du défunt, et où
gain de cause était ordinairement donné à l'époux donataire (1). Mais la jurisprudence ne pouvait elle-même
modifier les textes de la Coutume, et, lorsqu'il n'y avait
pas eu de contrat de mariage, lorsque les futurs mariés
n'avaient fait aucune réserve avant leurs noces, il était
impossible de considérer comme valable une libéralité
qui avait été faite contrairement aux volontés expresses
de la loi.

*
* *

Malgré ces deux exceptions importantes à l'interdiction des dons entre époux que nous venons de signaler,
la liberté de se donner entre mari et femme était considérablement réduite au cas de secondes noces.

---

(1) Arrêts du 27 novembre 1603, 17 décembre 1609, 30 juillet 1619,
etc., dans Martin, p. 249. — L'un de ces arrêts rendu sur un appel
d'un jugement donné à Charolles le 15 février 1624 est particulièrement explicite. Entre Pierre Quarté et la demoiselle Françoise Bouillet,
sa femme, il existait un contrat de mariage aux termes duquel « les
mariés se pourraient faire donation de telle part de leurs biens que
bon leur semblerait ». Françoise Bouillet avait fait un testament en
faveur de son mari. Ses héritiers attaquent ce testament sur ce que
« la voie de donation ayant été précisément choisie et exprimée dans
le contrat, il fallait demeurer en ces termes, sans pouvoir recourir à
une autre voie, mêmement différente en sa forme et en sa substance
comme le testament. Ils furent déboutés par arrêt du parlement de
Dijon. — Martin, p. 649.

Jusqu'au milieu du XVIᵉ siècle, on semble n'avoir fait aucune différence sur ce point entre les premières et les secondes noces (1). Ce ne fut guère qu'à dater de l'édit de François II, rendu au mois de juillet 1560 dans le but de supprimer les abus scandaleux dont certaines veuves se rendaient coupables, qu'on interdit aux femmes d'abord, et bientôt après aux veufs eux-mêmes, aussi peu raisonnables que les veuves, de consentir à leur époux des libéralités incompatibles avec les intérêts des enfants du premier lit. « Quoniam sœpe eveniret ut « ineuntes secundas nuptias et irruentes amore obser- « vante pectus, nullam haberent rationem liberorum « prioris matrimonii (2). »

Cet édit de 1560 développé par la Jurisprudence des parlements distinguait trois sortes de biens dans la fortune de l'époux survivant :

Les biens à lui personnels ;

Les biens acquis par libéralité du défunt ;

Les conquets à la première communauté.

Des biens qui lui appartenaient en propre, le survi-

---

(1) Plusieurs arrêts du parlement du commencement du XVIIᵉ siècle nous montrent que ces restrictions étaient toutes nouvelles. Entre autres arrêt du 12 août 1628 dans Taisand, p. 534, absolvant une femme remariée, arrêt qui se termine par ces paroles : « et néanmoins a déclaré et déclare les femmes qui se remarieront à l'avenir dans l'an de deuil, déchues et privées de tous droits et libéralités qu'elles pourraient prétendre de leurs dits maris, et en conséquence de leur mariage. » Il s'agit d'une veuve remariée dans l'année de la mort de son mari, mais c'est là un cas particulier qui ne devait pas faire exception à une règle générale sur les secondes noces.

(2) Cité par Taisand, p. 322.

vant qui convolait en secondes noces, ne pouvait disposer que d'une part d'enfant légitime le moins pre-
nant, en faveur de son second époux. Défense absolue
lui était faite d'aliéner la plus petite partie des biens
acquis par libéralité de son conjoint défunt : ils étaient
réservés aux enfants du premier lit par une véritable
substitution légale. Quant aux conquets de la première
communauté, il lui était, de même, interdit d'en « disposer » à titre gratuit.

Mais il n'y avait rien de particulier, au duché de Bourgogne, dans cette législation spéciale aux secondes noces. C'était le droit commun qui s'appliquait sans aucune restriction dans notre province.

*
* *

L'originalité de notre coutume ne portait donc que
sur ces deux curieuses exceptions à la règle générale
admise en Bourgogne qui interdisait d'une façon absolue
les libéralités entre époux, uniques, à notre connaissance, dans l'ancien droit coutumier. La coutume de
1459 semblait se soumettre à regret aux idées romaines
nouvellement introduites. Elle n'avait pas osé proclamer
la liberté des dons entre vifs entre gens mariés, comme
les coutumes voisines du Bourbonnais et du Nivernais(1):
elle avait cru devoir se soumettre aux règles romaines
avec les coutumes de Paris, d'Orléans et la plupart des
autres, allant plus loin que ces règles même puisqu'elle

(1) Cout. du Bourbonnais, art. 226 ; du Nivernais, ch. XXII, art. 27.

interdisait jusqu'aux dispositions de dernière volonté,
mais elle s'était inclinée devant la volonté des futurs
époux qui jugeaient inutiles, entre eux, ces prohibitions
si contraires à leur amour conjugal. C'était là, peut-être,
la disposition la plus sage de notre ancienne législation
sur cette matière si délicate des donations entre gens
mariés.

CHAPITRE IV

DU DOUAIRE

—

Le douaire bourguignon, dont nous avons essayé d'expliquer les origines dans la première partie de notre travail, était encore à peu de choses près au XVIIIe siècle ce qu'il était au XIIIe (1). Quelques modifications lui avaient été, sans doute, apportées au cours de cette longue période où les institutions primitives de nos vieilles provinces eurent à subir des influences si diverses, mais ses caractères distinctifs et originaux étaient les mêmes à ces deux époques extrêmes.

De même qu'au XIIIe siècle, au XVIIIe on distinguait deux sortes de douaire : Le douaire conventionnel ou divis, le plus ancien, celui qui avait donné naissance à l'autre, et le douaire coutumier ou légal organisé par Philippe-Auguste, en 1214.

*
* *

Le douaire coutumier, établi et réglé par la Coutume elle-même, était celui que pouvait réclamer la veuve du jour de la dissolution du mariage sans qu'il y ait eu, en-

(1) Première partie, ch. I.

tre elle et son mari, aucune stipulation spéciale, à cet
égard. « Femme mariée, selon la générale coutume ou
duché de Bourgogne est douée, après le trépas de son
mari sur la moitié des héritages anciens de son dit mari,
dont il est mort vêtu et saisi... (1). »

Le douaire n'était dû qu'à la veuve. Il ne pouvait
même pas être accordé en cas d'absence prolongée et
de mort présumée du mari : cette mort devait être certaine et dûment prouvée par des témoignages authenti-
ques (2). Il existait, cependant, une exception à cette
règle générale. Au cas de mort civile, suivie de la confiscation générale des biens du coupable, le douaire était
accordé à sa femme selon une théorie jurisprudentielle,
confirmée par les cahiers de réformation (3). Mais c'é-
tait là, en pratique, un fait si exceptionnel que beaucoup de commentateurs ne le mentionnent même pas
dans leurs ouvrages, ne reconnaissant donc aucune
exception à cette condition primordiale à laquelle était
soumise l'ouverture du douaire : la survivance de
l'épouse. Ce n'était, d'ailleurs, pas là la seule condition
exigée par la Coutume pour permettre à la femme d'entrer en jouissance de ses droits de veuve.

(1) Art. 25.

(2) Arrêt du 19 janvier 1671 sur sentence au bailliage d'Arnay le
Duc. — Taisand, p. 227.

(3) *Cahiers*, art. 197 : « Douaire a lieu, non seulement après la mort
naturelle mais aussi après la mort civile portant confiscation. » — et
procès-verbaux des conférences pour la réformation de la coutume où
on cite un arrêt du 24 mars 1534. Bouhier, I, p. 44. — Cf. Bouvot,
Commentaires sur la coutume, p. 156.

Le mariage devait, en outre, avoir été célébré « en face l'Église » et en Bourgogne, ou, tout au moins, selon la générale coutume du duché de Bourgogne (1).

La femme ne devait pas avoir été accusée ni convaincue d'adultère par son mari au cours du mariage (2) ; et la veuve ne devait pas enfin avoir renoncé à la communauté conjugale au jour de sa dissolution.

Cette dernière condition seule nous arrêtera quelque temps.

Si la femme refusait d'accepter la moitié des biens communs, la Coutume lui refusait le droit d'entrer en possession de son douaire, pour la punir de l'injure qu'elle faisait ainsi à la mémoire de son mari dont elle ne voulait pas approuver, par son acceptation, la gestion de la fortune commune, « ... et en ce faisant, elle sera quitte des debts par son mari et elle dûs. Et, avec ce, ne prendra aucun douaire coutumier ou divis sur les biens de son dit mari (3). » C'était une disposition originale de la coutume du duché de Bourgogne qui ne se rencontrait nulle part dans les autres pays coutumiers. Elle avait dû être introduite par les rédacteurs du texte

(1) Cf. *Dissertation sur l'art. 25 de la coutume du duché de Bourgogne*, par le président Bouhier, — et Bouhier, I, p. 735, et II, p. 352.

(2) *Cahiers*, art. 203 : « Femme accusée et convaincue d'adultère par son mari perd dot et douaire, mais elle ne peut être accusée par les héritiers du mari si lui-même, de son vivant, n'en a intenté l'action. » — Cf. *Coutumes du Comté*, gens mariés, art. 26, et *Coutume de Paris*, 248.

(3) Art. 38 et 39.

de 1459 pour satisfaire l'opinion générale si défavorable
aux femmes renonçantes. Les anciennes coutumes des
XIIIe et XIVe siècles disaient en effet expressément que,
malgré sa renonciation à la communauté, la femme pouvait jouir de son douaire. « Item, la femme prent son
douhaire tout franc sans paier aucune chose des debts
de son mari, se elle ne s'entremet des mobles ; et se
elle se desceint sur la fosse de son dit mari, elle renunce
à tous mobles et acquets et ne emporte que son douhaire
tant seulement (1). » Il ne faut pas d'ailleurs nous étonner de cette modification tardive. Au XIIIe siècle, les
droits successoraux des filles, nous l'avons vu, étaient
des plus minimes, et, de plus, en acceptant cette aumône
que leur donnait leur père, sous le nom de dot, elles
renonçaient par le fait aux maigres droits qu'elles auraient pu réclamer (2). Cette dot presque toujours mobilière entrait en communauté et, si la précaution d'assigner les deniers dotaux sur les immeubles du mari
n'avait pas été prise, elle risquait d'être à jamais perdue
pour elle. Qu'après cela, la fortune commune vint à être
dissipée par le mari et qu'au jour de la dissolution du
mariage la veuve se trouve contrainte, par la présence
d'un passif énorme, à renoncer à cette communauté où
tout son avoir était compris, que lui aurait-il resté
si la coutume l'avait encore privée de son douaire ?

Au XVe siècle la situation de la femme n'était plus la

(1) Giraud, *Ancienne coutume*, art. 3.
(2) Première partie, chap. II, note.

même, nous avons essayé déjà de le démontrer. Les
droits successoraux des filles s'étaient développés et
l'application des principes de la législation romaine
leur avait donné des garanties suffisantes pour sauvegarder leurs fortunes personnelles, au cours du mariage.

On pouvait donc, sans les réduire à la misère, ajouter une nouvelle peine aux peines déjà sévères qui
atteignaient les femmes renonçantes, en leur retirant
la jouissance de leur douaire. Ce fut ce que comprirent
les rédacteurs de la Coutume Générale et ce qu'ils tra-
duisirent dans les articles 38 et 39. Soit que cette disposition ait eu pour objet d'exciter la vigilance et la bonne
conduite des femmes, nous disent les anciens auteurs,
soit qu'elle ait voulu soulager les héritiers d'un mari
qui ne laissait pas ses affaires en bon ordre, ou même
favoriser les créanciers, il fallait donc que la veuve payat
la moitié des dettes du mariage si elle voulait profiter de
son douaire.

Cette exigence de la coutume était sévère (1). Malgré la vigilance et la bonne conduite de la femme, la
communauté pouvait être entièrement compromise par
la mauvaise gestion d'un mari, maître absolu, et il était
certainement injuste de la priver de son droit de jouissance sur des héritages anciens, qui, peut-être, arri-
vaient libres de toutes charges aux héritiers du défunt.
« N'est-elle pas assez à plaindre, nous dit Boullenois,
de perdre le fruit de ses soins et de ses peines et sou-

(1) Il n'en était ainsi dans aucune autre coutume.

vent une partie de sa dot, sans perdre encore une
créance aussi légitime et nécessaire pour elle que le
douaire... La coutume de Bourgogne est donc exhorbitante du droit commun ; on pourrait même ajouter
qu'elle est injuste et pleine de dureté ; mais enfin elle
est écrite : *dura lex, sed scripta* (1). »

N'appartenant qu'à la veuve acceptante, au jour de
la dissolution du mariage, le douaire ne tombait jamais,
au duché de Bourgogne, entre les mains des enfants
nés du mariage. Il en était autrement dans la coutume
de Paris. Dans cette coutume, la nue propriété des biens
dont la jouissance se trouvait réservée à la mère était
attribuée aux enfants à naître du mariage, au cas même
où la mère serait morte la première. Notons immédiatement que le douaire parisien portait sur les
héritages possédés par le mari au jour du mariage et
sur les anciens qui lui parvenaient par succession au
cours de l'union conjugale (2). Les enfants trouvaient
ainsi dans ce douaire légal une véritable légitime coutumière, beaucoup plus énergique que la légitime romaine, et qui leur assurait une moitié des héritages
anciens de leur père contre toutes les aliénations que
ce dernier avait pu faire.

(1) Boullenois, *Observation sur les coutumes*, p. 335.
(2) Paris, art. 248. « Douaire coutumier est de moitié des héritages
que le mari tient et possède au jour des épousailles et bénédiction
nuptiale, et de moitié des héritages qui, depuis la consommation du
dit mariage et pendant iceluy échéent et adviennent en ligne directe
audit mari. »

Les enfants n'avaient aucun droit semblable au duché
de Bourgogne. C'est que le douaire coutumier ne portait pas en Bourgogne comme à Paris sur les héritages
possédés par le mari au jour du mariage, mais uniquement sur ceux qu'il laissait à son décès. « Femme mariée, selon la générale coutume du duché, est douée,
après le trépas de son mari sur la moitié des héritages
anciens de son dit mari, dont il est mort vêtu et saisi
pour en jouir sa vie durant (1). » Il en était ainsi déjà
dans notre province avant la rédaction de 1459. « La
femme, son mari mort, prent pour douaire la moitié de
léritage de son mari duquel il était tenant et possédant
au temps de son trespassement... », nous dit le vieux
texte rapporté par Giraud (2). La coutume particulière
de Dijon était alors beaucoup plus favorable aux femmes que les usages généraux des autres parties du duché : le droit de jouissance de la veuve portait sur la
moitié des biens meubles et immeubles que le mari
possédait au jour de sa mort (3). Mais il ne faut pas

---

(1) Art. 25 : Lorsqu'il y avait des enfants de plusieurs lits, le douaire
était considérablement restreint. — Art. 50 : « Se l'homme a enfants
de plusieurs lits, la dernière femme survivant icelui son mari, elle
demeure douée sur la portion de l'hoirie de son dit mari appartenant
aux enfants qu'elle a eus de lui seulement et non mie sur la portion
des enfants des autres lits, soit en douaire divis, soit coutumier. »

(2) Giraud, *Ancienne coutume*, art. I.

(3) *Coutumes générales du duché de Bourgogne avec les locales
de la ville de Dijon*, art. 34. — Bouhier, p. 192 : « Et se lidiz mari
ne fait point de douhaire de certaine somme de pécune, li femme
haura la moitié des biens meubles et non meubles qui demourront

oublier qu'à Dijon la femme mariée n'avait aucun droit
dans les acquisitions communes ; il était donc bien juste
que son privilège de veuve fut un peu plus étendu,
dans cette coutume restrictive, que dans celles qui l'ad-
mettaient au partage de la communauté.

Aux termes mêmes de la coutume, le douaire coutumier ne portait que sur les héritages anciens laissés par
le mari au jour de son décès. Mais, sous cette dénomination d' « héritages anciens », il ne fallait pas comprendre tous les immeubles propres du mari. Les anciens en douaire étaient les héritages qui venaient de
quelqu'un des ascendants, soit directement, soit indi-
rectement, même en passant par les mains d'un collatéral pourvu qu'originellement ils aient appartenu à un
ascendant(1). « Quœro quœ dicantur hereditagia ? » se
demandait Chasseneuz ; et il répondait : « dic quod illa
dicuntur antiqua quœ quis habet ex suis predecessori-

dou mari ; lesquels biens li femme tenra ai sa vie tant seulement. Et
aprez la mort de lacdite femme tuit li bien qu'elle tenait de sondit
mari repaireront des hoirs de sondit mari. »

(1) Cf. Taisant, p. 228. — Bégat (et Despringles), p. 116. — *Cahiers
de réformation*, art. 198 : « Les anciens héritages du mari sont ceux
qui lui sont avenus de ses père, mère ou aïeuls, ou autres, dont il est
successible en ligne directe, desquels seulement ledit douaire a lieu.
Mais ceux qui aviennent au mari par succession collatérale ne sont
sujets à douaire ; sinon qu'ils fussent sortis du tronc ancien commun
audit mari. » — Art. 199 : « Si le mari ne jouit d'aucun ancien, ainsi
qu'il ait seulement une action réelle pour le recouvrement d'un bien
paternel ou avide, et qu'il lui soit adjugé ou à ses héritiers, en ce cas,
la veuve aura son douaire sur icelui, tout ainsi que si son feu mari en
eut joui lors de son décès. »

bus ». Il ne fallait donc pas confondre avec les anciens
en douaire les anciens de communauté ou de succession
qui comprenaient tous les immeubles appartenant à
chacun des époux. Les termes d'anciens en douaire
étaient beaucoup plus restrictifs.

Ne portant que sur les héritages anciens dont le
mari était mort « vêtu et saisi » le douaire pouvait être
réduit au point de disparaître complètement, si, au
jour de la dissolution de la communauté, il ne restait
plus aucun bien de cette sorte dans la fortune personnelle de l'époux défunt. Et il lui était bien loisible, à
ce mari prodigue ou malhonnête, de réduire sa veuve
à cette extrémité. Il était libre d'aliéner ses héritages,
et, à moins que la fraude et l'intention de frustrer sa
femme n'aient été trop évidentes, la jurisprudence
se trouvait impuissante à annuler ses actes (1). Ce
n'était donc qu'un douaire tout conditionnel que la
coutume avait voulu accorder à la veuve en laissant
ainsi au mari pleine et entière liberté de disposer de
ses biens. L'hypothèque légale dont jouissait l'épouse
par la garantie de son douaire coutumier était elle-
même illusoire ; au lieu de remonter au jour même du
mariage, comme à Paris, elle n'avait date que du jour
où naissait les droits de la douairière, c'est-à-dire du
jour de la dissolution de l'union conjugale. Aussi Bannelier pouvait-il nous dire avec raison au siècle dernier
que le douaire coutumier était une « illusion » au du-

(1) Martin, p. 69.

ché de Bourgogne, et qu'il était « absurde » qu'une pré-
cipuité si juste dépendit du mari seul (1).

Le véritable douaire bourguignon était le douaire
conventionnel appelé par la coutume et la langue juridique douaire « d'ivis ».

***

Le douaire « divis » était un avantage consenti expressément avant la célébration des noces par le futur
mari à sa future épouse, pour le cas où celle-ci viendrait à lui survivre. Il avait place dans les contrats de
mariage à côté des donations entre vifs et des autres
précipuités consenties par le futur, et, au même titre
qu'elles, il était garanti par une hypothèque légale pre-
nant date non plus à la dissolution du mariage mais
du jour même du contrat.

Mais, malgré cette convention expresse avant les noces,
malgré cette hypothèque légale qui semblait devoir le
garantir d'une façon absolue, il était encore possible
au mari de diminuer considérablement et même d'anéan-
tir le douaire de sa femme. « Se constitution de douaire
divis est faite par traité de mariage à la femme, plus
grande et recédant le douaire coutumier, ladite constitution dudit douaire divis sera ramenée et réduite au
douaire coutumier. Et si le douaire divis est constitué moindre du coutumier la femme ne peut avoir,
prendre ne demander autre douaire (2). » Si donc le

(1) Bannelier sur Davot, III, p. 39.
(2) Art. 27.

mari avait jugé à propos de donner éventuellement à sa
femme un droit de jouissance qui au jour de la dissolution du mariage était inférieur au douaire coutumier
il était impossible à celle-ci de réclamer davantage.
En acceptant un douaire divis inférieur, elle avait sous-
crit à un engagement qui devait être respecté au même
titre que les décisions de la coutume.

Si le douaire divis, au contraire, se trouvait être plus
important que le douaire coutumier lui-même, il était
réduit d'autant ; et si, dans ces conditions, par suite de
l'aliénation totale des héritages anciens il ne restait lors
de la disssolution du mariage, aucun bien susceptible
d'être grevé du douaire coutumier, malgré son hypothèque légale, la veuve ne pouvait pas se prévaloir des
stipulations du contrat. « Cela n'empêche pas que les
parties ne puissent, en traitant le mariage, se faire
telle donation que bon leur semblera ; encore qu'elle
excédat le douaire coutumier, et sera valable telle donation, supposé que par le contrat de mariage, il fut
dit que, moyennant ladite donation la future épouse
renonçat au douaire coutumier (1). »

Afin d'empêcher cette éventualité désastreuse pour
la veuve de se produire, il était de pratique constante
de faire suivre la constitution du douaire divis par contrat d'une donation entre vifs conçue en ces termes :
« et en tant que besoin serait, ledit future époux a fait
et fait donation entre vifs à ladite future épouse, pro-

_____

(1) *Cahiers*, art. 205, et Cf. Martin, p. 26.

mettant faire insinuer ladite donation à peine de tous
dépens, dommages et intérêts ». On pouvait encore
user d'un autre moyen que les commentateurs nous
disent même être plus sûr que ce premier, car il permettait au mari dont les héritages anciens étaient d'une
importance restreinte ou nulle d'assurer à sa veuve un
douaire suffisant.

« On énonce dans le contrat, nous dit Taisand, qu'en
faveur du mariage, le futur époux fait donation à la
future épouse des revenus d'une terre ou d'une rente
ou d'une pension, sa vie naturelle durant, au cas qu'elle
survive son mari, soit que cette rente ou pension soit
assignée sur tous les biens du futur ou spécialement sur
quelques fonds ou qu'il donne à sa future épouse une
somme de deniers payable à une fois, moyennant laquelle donation qu'il promet faire insinuer à peine de
tous dépens, dommages et intérêts, la future ne prendra
aucun douaire divis ou coutumier (1). »

Avec de semblables précautions, la femme n'avait
plus rien à craindre, et, à la mort de son mari, elle
pouvait réclamer l'exécution immédiate des clauses de
son contrat de mariage. Elle était saisie de son douaire
coutumier au même titre que de sa part dans la communauté des biens. « La jeune femme douée selon la
coutume du duché de Bourgogne est vêtue et saisie de
son douaire coutumier (2). » Il n'était pas question,

(1) Taisand, p. 234.
(2) Art. 34.

dans cet article, du douaire divis, de beaucoup le plus
fréquent cependant ; et les commentateurs de la coutume s'étonnaient les uns après les autres de ce silence
du texte, silence qu'ils comprennaient d'autant moins
que la coutume du Comté de Bourgogne, dont les dispositions étaient assez semblables à celles de la coutume du duché sur cette question du douaire (1), ne
faisait aucune différence entre ces deux cas (2). Mais
en l'absence de texte précis la Jurisprudence ne put jamais assimiler le douaire divis au douaire coutumier sur
sur ce point et la veuve gratifiée d'un douaire divis dut
toujours en réclamer la délivrance aux héritiers de son
mari défunt.

Une fois en possession de son douaire, la veuve devait en supporter les charges de jouissance et en jouir
loyalement. « Femme mariée est douée... pour en jouir
sa vie durant et supporter la moitié de toutes charges
réelles à cause de sondit douaire. Et sera tenue de maintenir en bon et convenable état les biens de sondit
douaire (3). » « Elle ne peut mettre hors de ses mains,
ne bailler à autrui son douaire coutumier sans le consentement des héritiers de son mari auxquels elle est

---

(1) *Coutume du comté,* art. 39 : « La femme, après le trespas de
son mary, demeure saisie de son assignal particulier à elle fait de son
dot et mariage par son dit mary ; et aussi demeure saisie de son
douaire coutumier ou divis. »

(2) *Cahiers,* art. 206 : « La femme douée selon ladite générale coutume, est vêtue et saisie de son douaire divis, pourvu qu'il n'excède
le coutumier. »

(3) Art. 25.

tenue de le présenter et bailler se avoir le veulent pour
le prix qu'elle en trouve d'un autre ; et en leur refus
de le prendre, elle peut faire son profit des fruits sa vie
durant seulement (1). »

Nos anciens auteurs assimilaient à un usufruit le droit
de jouissance de la douairière. « Dotarium solum donatio ususfructus » nous dit Desmoulin. « Ce n'est autre
chose qu'un usufruit d'une portion des immeubles du
mari » nous dit Bouhier, et les règles qui régissaient
l'usufruit régissaient au même titre le douaire. Tous
deux étaient incessibles et la douairière comme l'usu-
fruitière devaient donner caution aux héritiers, si ceux-
ci l'exigeaient (2). Il existaient bien, sans doute, quelques différences entre ces deux institutions, ainsi que
nous le montre l'article 35 de la coutume, mais ce n'é-
tait que des différences de détail, sur lesquelles nous
n'insisterons pas plus que sur les droits et devoirs de
la douairière qui n'offraient, au duché de Bourgogne,
aucune particularité distinctive.

----

(1) Art. 35.

(2) Procès-verbaux des conférences pour la réformation de la coutume : « Après avoir examiné diligemment la précédente question il a
été conclu que l'on ajoutera à la fin de l'article : « Que la femme sera
tenue donner caution pour la conservation des biens de son douaire
si les héritiers du mari le demandent. »

CONCLUSION

—

Avec le douaire de la veuve nous avons terminé l'étude que nous avions entreprise sur les quatre grandes institutions du droit matrimonial, au duché de Bourgogne.

Nous nous sommes efforcés, au cours de ce travail, de faire ressortir les particularités propres à notre vieille province, dans cette partie importante de sa législation, en cherchant à découvrir les raisons d'être de ces particularités mêmes.

Nous avons suivi la puissance maritale depuis sa première affirmation dans les lois burgondes. Nous l'avons trouvée, au siècle dernier, avec les mêmes caractères qu'à l'origine s'exerçant comme une pérogative du mari chef dans la communauté conjugale, et ayant résisté à l'influence romaine et à ces idées de protection de l'épouse iucapable qui se sont développées sans entrave dans la plupart des autres pays coutumiers.

Entre les époux, nous n'avons cessé de constater, depuis le sixième siècle et les premières chartes qui nous les montre agissant en commun, cette union intime et

étroite d'où naquit, sous l'influence franque, au onziè-
ou douzième siecle, la communauté de biens, qui fit
repousser par la femme les protections du Vélléien en
sa faveur, dès leur introduction en Bourgogne, et qui fit
regarder comme malséant, jusqu'au siècle dernier, le
régime matrimonial de la séparation de biens. La communauté conjugal eut, sans doute, à subir l'influence de
la législation romaine comme tant d'autres institutions
coutumières. Mais, il semble, en général, que, malgré
le voisinage des pays de droit écrit dont quelques-uns
même ressortissaient du Parlement de Dijon, les idées
romaines, si contraires aux idées d'origine franque et
germanique, ne furent admises qu'avec regret dans les
coutumes du duché de Bourgogne.

Elles ne furent introduites que par nécessité, pour
remédier aux graves inconvénients que le développement des fortunes mobilières et l'admission des filles
aux successions paternelles et maternelles avaient fait
apparaître dans l'abandon, désormais dangereux, à la
libre volonté du mari des biens et de la personne de la
femme. Les dispositions curieuses de la coutume rela-
tives aux libéralités entre époux ne peuvent encore que
justifier cette défiance.

L'ensemble des dispositions du droit matrimonial au
duché de Bourgogne offre donc ce caractère général
d'avoir conservé le respect de la tradition primitive qui
faisait des deux époux non pas deux associés dont l'un
supérieur dirige l'autre incapable, mais deux êtres étroitement unis, agissant le plus souvent en commun et

dont l'un ne voit dans sa soumission qu'une marque de déférence envers le chef de ce petit État que constitue la famille. Ces principes ne devaient pas être sans influence sur les rédacteurs de nos lois modernes.

Vu :

Le Président de la thèse,

C<small>H</small>. LEFEBVRE.

Vu :

Le Doyen,

GLASSON.

Vu et permis d'imprimer :

Le Vice-Recteur de l'Académie de Paris,

GRÉARD.

ANNEXES

COUSTUMES & STILLES GARDEZ AU DUCHIÉ DE BOURGOINGNE [1]

DE DOTTIBUS

I

La femme, son mari mort, prend pour douhaire la moitié de léritage de son mari duquel il estait tenanz et possidanz au temps de son trépassement, au cas ou sondit mari ne li fit douhaire divis ; car, en ce cas, elle prendra le douhaire divis se tant nestait qu'il ne surmontast la moitié des biens de sondit mari ; car entant comme li dis douhaire divis surmonterait la dite femme n'y prendera riens par douhaire (2)

(1) Le vieux coutumier compris sous ce titre a été publié par Giraud, dans son histoire du droit coutumier français, d'après un manuscrit du XIVe siècle copié lui-même sur un manuscrit plus ancien du XIIIe siècle. C'est donc un recueil des « coutumes » qui ont été observées dans une grande partie du duché de Bourgogne depuis le XIIIe siècle jusqu'à la rédaction de la Coutume générale en 1459.

(2) Se léritage estait de fie, il samble, selon raison, que la femme n'en sera pas dohée.

II

Item, la femme, le mari mort, puet requerir que son douhaire lui soit divis ; et li hoirs de son mari sont tenus de faire la division, et elle prendra ; ou elle sera tenue de faire la dite division, et ils prendront. Et au cas que li hoirs ne vouldront faire la division, ne prendre la partie de leur division que la femme aura faite, dedeans certain terme mis du juge elle pourra eslire et retenir laquelle partie quelle vouldra desdites parties qu'elle aura faites.

III

Item, la femme prend son douhaire tout franc sans paier aucune chose des debtes de son mari, se elle ne sentremet de nobles ; et, se elle se desseiner sur la fosse de sondit mari, elle renunce à tous molles et acquestz et ne emporte que son douhaire tant seulement.

IV

Item, la femme survivant son mari demoure douhe si comme devant est dit, à sa vie tant seulement, de la moietié des héritages de son mari desquels il estait tenans et possidans au temps de son trépassement ; c'est assavoir au cas ou elle naura eu douhaire divis et celle moictié elle emporte sur les enffans de son mari, sau_uns en ont, ou sur les héritages d'icellui ; et s'il advient que li maris ait eues plusieurs femmes et d'icelles ait pluseurs enffans et de sa derrenière nait aucuns enffans après le deceps de lui, elle sera et demourra dohée et emportera pour son douhaire la moictié de tous ses biens desquels il estait saisis au temps de sa mort. Et s'il advient qu'il ait enffans de sa derrenière femme, iceulx enffans de la derrenière femme viendront égaument à leschoitte de leur père, avec

les enffans des premières femmes, et sera partie la succession du père entre tous les enffans des dictes femmes
par branches et non par testes. Car autant emporteront
les enffans de l'une des femmes comme de l'autre. Et en
ce cas auquel il aura enffans de la derrenière femme celle
derrenière femme prendra son douhaire sur ses enffans
tant seulement : cest assavoir la moictié de tous les biens
que tous ses enffans en auront parti à leur partaige des
biens de leur dict père. Et se li maris avait fait douhaire
devis de plus de la moictié de ses biens, le douhaire ne
vault, mais sera restrains et rapportes en la manière que
devant est dit.

V

Item, la femme ne puet aliéner ne mettre en autrui
mains son douhaire, sans le consentement des héritiers ;
et, se elle le fait, lesdits héritiers y puent assigner.

VI

Item, se li père mari son filz et promet dohaire devis à
la femme de son filz, le filz mort sa femme pourra requé-
rir son douhaire au père qui promis lui a, se il vit ; et, se
il est mors, aux hoirs du père, au cas où elle naura enffans de sondit mari mort. Et se elle a enffans elle prendera son douhaire sur la partie à ses enffans et non pas
sur les autres hoirs, combien qu'il soit en promis du père.
Toutenoies prendra elle son douhaire devis au propre lieu
où promis et assignez lui fut, se ce lieu avient au partaige de ses enffans ; et s'il n'y vient, non pour tant le prenra elle la ; mes de tant comme elle prenra sur la partie
des autres héritiers ses enffans seront tenus de faire recom-
pensation aux autres héritiers, chacun an, durant le
douhaire.

DE ACQUESTIBUS

—

VII

Item, la brue qui vient demeurer avec son mari en
lostel du père ou de la mère son mari, ne prent de droit
es acquetz fais du père ne de la mère de son mari, combien qu'elle y ait appourtez biens. Toutesnoies ce qu'elle
y apporte lui doit estre gardez et rendus.

VIII

Item, le mari mort, la femme prent la moictié es mœbles et acquetz de son mari et emporte cette moictié à
tousiours mais et sur l'aultre moictié elle ne puet prandre
ne avoir douhaire, et pour de tous les debtz que son mari
devait au jors de son trespassement, et aussi la moictié de
toutes plaigeries fetes par son mari.

IX

Item, la femme qui prend la moictié des mœbles et es
acquetz de son mari est tenue en la moictié des rantes an-
nuelles que son mari a vendues à temps ou a tousiours,
durant le mariage, suppouse qu'elle n'y soit obligée ; au cas
toutesnoyes que les rantes seront assignées généraulment
sur les biens dudit vendaige,

X

Item se aucune femme donne à aucun sa partie de biens
mœbles et acquetz de son mari mort sens hoirs de son
corps, li donation vault et ainsi fut prononcée.

XI

Item à Dijon, et en plusieurs autres lieux de Bourgoingne, la femme ne prend riens es acquetz de son mari faiz durant leur mariage es lieux ou ladite coutume a lieu, se tant nestait que la femme a la coutume générale de Bourgoingne. Mais se li mari a aucune chose es lien lou on prend en acquetz, la femme empourtera la moictié; et se li mari mariez au lieu lou ou prent acquetz acquiert aucune chose à Dijon ou en aultre ville du lieu où l'on n'y prent pas, sa femme n'y prendra riens.

DE ALIENACIONIBUS

—

XVI

Item, le mari puet faire sa voulentés des biens de sa femme sans son consentement durant le mariage et non plus; et puet li maris plaidoyer sur saisine et possession des choses appartenant à sa femme sens lui.

DE DENARIIS MARITAGII

—

XXII

Item. Saucun reçoit aucune somme d'argent de deniers du mariage de sa femme et celle somme soit assise sur aucuns héritages ou mœbles, le mari mort, la femme tiendra son assignal à sa vie sans aquitance, se li deniers ne lui sont rendus et poins des hoirs desquels les dits assignaux doivent avenir avant quelle muere, et s'il advient qu'ils ne soient pas paier au vivant de la femme ses loirs ne pourront tenir sans aquitance le dit assignal, mais conuendra compter les issues d'icellui au sort.

DE OBLIGATIONIBUS REDITUUM

—

XXIV

Item, se aucun met sa fille en religion et lui promet rante à vie et depuis trepasse, sa femme qui prent la moictié en ses biens pour cause de douhaire sera tenue de paier la moictié de la dite rante, jaçoit ce quelle ait renuneée aux mobles et aux debz, et aussi est à entendre au cas du frère qui promet à sa suer, et generaulment en tous cas ou li maris est tenuz en aucune rente annuelle en la vie daucun; et pour ce est à entendre que quant la femme renuneie aux mobles et aux debz son douhaire est franes des dehuz à une fois, et non pas des dehuz à vie de lomme ou de femme.

XXV

Item se aucun combien qu'il soit au lit de mort donne à aucun rante à vie ou à perpetuité et asseoir rante sur son héritage, sa femme prendra la moictié de ses biens pour douhaire et paiera de la dite rante : cest assavoir au cas où elle naura douhaire devis, car en ce cas le mari ne pourrait mettre rante sur au préjudice de sa femme.

DE ACCIONIBUS MULIERUM

—

LXXIX

Item, femme mariée de puet en cause pendant ne dappeaul faire aucune accion ou poursuyte, sans lauctorité de son mari, ne aussi soy deffendre sans lauctorité dessus dite, se elle n'est auctorisée de son mari.

LES COUTUMES DU DUCHÉ DE BOURGOGNE [1]

TITRE IV

DES DROITS & APPARTENANCES A GENS MARIÉS ET DE LA COMMUNION D'ICEUX

Art. XX.

Femme soit qu'elle ait père ou ave paternel, ou non, après la consommation du mariage, demeure en la puissance de son mari, tellement qu'elle ne peut faire contrats entre les vifs, ne ester en jugement ni aussi par testament ne ordonnance de dernière volonté disposer de ses biens sans la licence et autorité de son mari, si elle n'est marchande publique; auquel cas, pour fait de marchandise seulement, elle peut faire tous contrats et obligations, pour le fait de ladite marchandise et esdits contrats est tenu et obligé sondit mari.

Art. XXI.

Femme mariée, au duché de Bourgogne, est participante avec son mari pour la moitié de tous meubles, et acquets faits constant le mariage de sondit mari et d'elle.

(1) Texte promulgué en 1459 par Philippe le Bon.

Art. XXII.

Le mari, constant le mariage, peut disposer et ordonner par donation, vendange, permutation et autres contrats faits entre les vifs des meubles étant communs, et des héritages acquis constant ledit mariage, soit que les dits acquets soient faits par lui et ladite femme conjointement ou par l'un d'eux.

Art. XXIII.

Le mari ne peut grever sa femme des biens meubles et acquets, par testament, ne ordonnance de dernière volonté, ne aussi semblablement au droit de son douaire.

Art. XXIV.

Le mari, sans procuration de sa femme, peut ester en jugement en demandant et en défendant les droits posséssoires de la femme et en actions personnelles.

Art. XXV.

Femme mariée, selon la générale coutume du duché de Bourgogne, est douée, après le trépas de son mari, sur la moitié des héritages anciens de sondit mari dont il est mort vêtu et saisi, pour en jouir sa vie durant, et supporter la moitié de toutes charges réelles, à cause de sondit douaire. Et sera tenue de maintenir en bon et convenable état des biens de sondit douaire.

Art. XXVI.

Le mari et la femme ne peuvent faire traité, donation, confession ne autres contrats constant leur mariage, par testament, ne ordonnance de dernière volonté ne autrement au profit de l'un de l'autre, si ce n'est du consente-

ment des plus proches parents vivants qui devraient se
succéder au mari ou à la femme qui ferait lesdits traités,
donations ou contrats ; supposés que lesdits contrats
ayant été vollés par serment si autrement par traité de
mariage il n'était entre eux convenu.

Art. XXVII.

Se constitution de douaire divis est faite par traité de
mariage à la femme plus grande et excédant le douaire
coutumier, ladite constitution dudit douatre divis sera
ramenée et réduite au douaire coutumier. Et si douaire
divis est constitué moindre du coutumier, la femme ne
peut avoir, prendre, ne demander autre douaire.

Art. XXVIII.

La femme qui est participante pour la moitié des biens
meubles et acquets communs entre son mari et elle est
tenue, après le trépas de son mari de payer la moitié de
tous débts dus par sondit mari ou par elle. Et ne sont
point légats et frais funéraires réputés debts.

Art. XXIX.

Et semblablement est tenu le mari de payer la moitié de
tous les debis dûs par la femme.

Art. XXX.

Et peuvent les créanciers agir contre les héritiers du défunt débiteur pour le tout, se icelui défunt est obligé seulement, ou agir contre la femme pour la moitié du debt, se
bon leur semble.

Art. XXXI.

Et se les créanciers agissent pour le tout contre les héritiers du mari trépassé, les dits héritiers auront leurs re-

cours pour leurs intérêts, et pour la moitié du debt à ladite femme.

Art. XXXII.

Et se les dits mariés sont obligés ensemble, lesdits créanciers pourront agir selon la forme de leurs obligations.

Art. XXXIII

La femme mariée, selon la générale coutume du duché de Bourgogne, après le trépas de son mari, est vêtue et saisie de la moitié des biens meubles et acquets demeurés au décès de sondit feu mari.

Art. XXXIV.

La femme douée, selon la générale coutume du duché de Bourgogne, est vêtue et saisie de son douaire coutumier.

Art. XXXV.

La femme ne peut mettre hors de ses mains, ne bailler à autrui son douaire coutumier, sans le consentement des héritiers de son mari auxquels elle est tenue de le présenter et bailler se avoir le veullent, pour le prix qu'elle en trouve d'un autre, et en leur refus de le prendre, elle peut faire son profit des fruits, sa vie durant seulement.

Art. XXXVI.

La femme, après le trépas de son mari, est saisie des assignaux à elle faits en particulier, par son mari, pour les deniers de son dot et mariage. Et semblablement en sont vêtus et saisis ses héritiers. Et fait, ladite femme, après le trépas de sondit mari, les fruits desdits assignaux siens, sans les compter au sort. Et au regard des héritiers de ladite femme, ils comptent les fruits au sort, si autrement n'est convenu par traité de mariage ou d'assignal.

Art. XXXVII.

Le mari ou ses héritiers peuvent avoir et recouvrer toutes et quantes fois que bon leur semble, nonobstant quelque laps de temps, l'assignal des deniers du mariage de la femme, en rendant les deniers assignés pour ledit mariage.

Art. XXXVIII.

Entre gens nobles, la femme qui voudra demeurer quitte de payer la moitié des debts, par son mari et elle dûs au jour du trépas de sondit mari et qui ne se voudra entremettre es biens de sondit mari après le trépas d'icelui son mari, sera tenue, si elle est au lieu où son mari sera trépassé, de faire la renonciation auxdits biens de son mari en présence du juge ou du notaire et des témoins, ou en présence du curé ou du vicatre du lieu et de témoins, en défaut dudit juge et du notaire, avant qu'on tire le corps du trépassé hors de l'hôtel. Et se elle n'est audit lieu, elle sera tenue de le faire dedans vingt-quatre heures, après ce que le trépas de son mari sera venu à sa connaissance. Et en ce faisant, elle sera quitte des debts par son mari et elle dus. Et avec ce ne prendra aucun douaire coutumier ou divis sur les biens de sondit mari.

Art. XXXIX.

Entre toutes autres gens, si la femme veut demeurer quitte et déchargée de payer la moitié desdits debts de son mari et d'elle, et qu'elle ne se veuille entremettre es biens de sondit mari, elle sera tenue de soi desceindre, et laisser la ceinture sur la fosse de sondit mari incontinent après l'enterrement d'icelui, si elle est au lieu où il sera trépassé. Et, si elle n'y est, ou qu'elle ait empêchement légitime et notoire tellement qu'elle ne puisse venir au lieu où son

mari est inhumé, dedans vingt-quatre heures, elle sera tenue de soi desceindre, et faire renonciation auxdits biens
de son mari au lieu auquel elle sera, en la présence du
juge du lieu, ou de notaire et de témoins, du curé ou du
vicaire dudit lieu et de témoins, dedans vingt-quatre heures après que le trépas de sondit mari sera venu à sa connaissance. Et en ce faisant, elle sera quitte des debts dus
par sondit mari et elle. Et avec ce ne prendra aucun
douaire coutumier ou divis, sur les biens de sondit mari.

Art. XL.

Et s'il est trouvé que lesdites femmes (soit nobles ou
autres) ayent soustrait ou recelé aucuns des biens communs
entre leurs maris trépassés et elles, en ce cas elles seront
tenues de payer la moitié desdits debts, nonobstant ladite
renonciation. Et n'entend-on point que parce ladite femme
demeure quitte des debts par elle dus, avant le mariage
de son mari trépassé et elle.

Art. XLI.

La femme ne prend point de douaire là où elle prend
assignal.

Art. XLII.

Deniers de mariage assignés ou promis d'assignés et
qui ne sont payés, emportent arrérages ; c'est à savoir dix
pour cent, dès le terme passé, qu'ils sont promis de payer ;
et s'il n'y a terme déclaré dès lors que le detteur desdits
deniers sera suffisamment interpellé.

Art. XLIII.

Deniers de mariage, qui ne sont ameublis et qui sont
assignés ou promis d'assigner sont héritages pour la femme et pour ses héritiers.

Art. XLIV.

La femme ne participe point des héritages qui sont rachetés par son mari constant leur mariage, lesquels héritages auraient été vendus ou baillés à réachat, ou qui se peuvent racheter par son dit mari ou ses prédécesseurs à réachat ; et ne peut ladite femme, après le décès de son mari ne aussi les hériters d'icelle femme aucune chose quereller ou demander es deniers ou prix desdits réachats, ne semblablablement en rentes ou censes, ou autres charges réelles dont l'héritage de sondit mari serait déchargé. Et pareillement sera fait des héritages, censes ou rentes de ladite femme rachetés par sondit mari, ou elle.

Art. XLV.

Et s'il advient que le mari retraye par proximité de lignage aucun héritage ou rente ancienne vendue par aucuns de ses parents, la femme dudit mari, icelui mari trépassé, sera remboursée de la moitié des deniers payés pour ledit retrait sur les biens des héritiers d'icelui mari ; ou elle tiendra la moitié dudit héritage retrait jusqu'à ce qu'elle soit remboursée de ladite moitié desdits deniers payés pour ledit retrait. Et pareillement sera fait, si l'héritage, rente ou cens vendu par aucuns des parents de la .femme sont retraits.

OUVRAGES CONSULTÉS

—

Bannelier. — *Traité sur diverses matières de droit à l'usage du duché de Bourgogne par Davot, avec des notes de Bannelier.* 1750-1766, à Dijon.

Beaune. — *Introduction à l'étude du droit coutumier français.* 1880. — *De la condition des personnes dans l'ancien droit.* 1882. — *De la condition des biens.* 1886. — *Des contrats.* 1889.

Berroyer et Laurrière. — *Bibliothèque des coutumes. Paris.* 1754.

Boucher d'Argis. — *Traité des gains nuptiaux et de survie.* Lyon, 1738.

Bouhier (le président). — *Œuvres de Jurisprudence*, publiées par Joly de Bevy. Dijon, 1787.

Boüllenois. — *Dissertations sur les questions qui naissent de la contrariété des lois et des coutumes.* Paris, 1732.

Bourdot de Richebourg. — *Coutumier général.* Paris, 1724.

Bouvot. — *Arrêts notables de la Cour du Parlement de Bourgogne.* Genève, 1623.

— *La coutume de Bourgogne conférée avec toutes les autres coutumes de France.* Genève, 1632.

Bretagne. — *Coutume générale des pays et duché de Bourgogne.* Dijon, 1736.

Chartes de l'abbaye de Cluny, dans la collection des documents inédits sur l'histoire de France, publiées par Bruel. 1884.

Chasseneuz. — *Consuetudines ducatus Burgondiæ.* Lyon, 1582.

Coquille. — *La coutume de Nivernais*, publiée par Dupin. Paris, 1864.

— *Institution au droit français.* Bordeaux, 1703.

Desplanches. — *Coutumes générales des pays de Bourgogne.* 1555.

Du Cange. — *Glossarium ad scriptores mediæ et infimæ latinitatis.* Paris, 1733.

Dubois. — *La Bourgogne, depuis son origine jusqu'à son entière réunion à la couronne de France.* 1854.

Dumoulin. — *Molinæi opera omnia.* Paris, 1681.

Dunod. — *Observations sur la coutume du Comté de Bourgogne.* Besançon, 1756.

Durand. — *Institutes au droit coutumier de Bourgogne.* Dijon, 1697.

d'Espinay. — *De l'influence du droit canonique sur la législation française.* 1856.

Fleury. — *Précis historique de droit français,* publié par Dupin. Paris, 1826.

Garnier. — *Chartes bourguignonnes inédites.*

Ginoulhiac. — *Histoire du régime dotal et de la communauté en France.*

Giraud. — *Essai sur l'histoire du droit français au moyen-âge.* 1846.

Glasson. — *Histoire du droit et des institutions de la France.* 1887-1893.

Klimrath. — *Travaux sur l'histoire du droit français,* mis en ordre par Warnkœnig. 1843.

Laboulaye. — *Recherches sur la condition civile et politique des femmes.* Paris 1843.

Lefebvre. — *Introduction à l'histoire du droit matrimonial français.* Paris, 1900.

Le Ridant. — *Code matrimonial.* Paris, 1770.

Loysel. — *Institutes coutumières.* Paris, 1646.

B. Martin. — *Remarques sur la coutume de Bourgogne,* publiés par Joly de Bevy à la suite des *œuvres du président Bouhier.* Dijon, 1789.

Meynial. — *Le mariage après les invasions* dans la nouvelle revue historique de droit. 1896-1897-1898.

Monumenta Germaniæ Historica-Pertz. — Hanôvre, 1863.

Perard. — *Recueil de plusieurs pièces curieuses à l'usage du duché de Bourgogne.* Paris, 1664.

Pothier. — *Traité du contrat de mariage.* Paris, 1768. — *De la communauté.* 1770. — *Du douaire.* 1770. *Des donations entre vifs.*

Eaviot. — *Arrêts notables du Parlement de Dijon.* Paris, 1735.

Renuson. — *Traité du Douaire.* Paris, 1843.

Simonnet. — *Documents inédits pour servir à l'histoire des institutions et de la vie privée en Bourgogne.* 1867. — *Étude sur l'ancien droit en Bourgogne, d'après les protocoles des notaires, XIVᵉ et XVᵉ siècle.* 1869.

Taisand. — *Coutumes générales des pays et duché de Bourgogne.* Dijon, 1698.

Viollet. — *Les Établissements de Saint-Louis.* Paris, 1881.

TABLE DES MATIÈRES

R. 13

TITRE II

LES INSTITUTIONS DU DROIT DES GENS MARIÉS AU DUCHÉ DE BOURGOGNE DANS LE DERNIER ÉTAT DE LA LÉGISLATION COUTUMIÈRE

Son fondement au duché de Bourgogne. — Le mari chef et la femme subordonnée.

Les conséquences de cette idée : impossibilité pour l'épouse d'agir sans le consentement de son mari poussée à son extrême limite par l'interdiction du droit de tester sans autorisation. — Nullité absolue des actes de la femme non autorisée, sans aucune ratification possible.

Des tentatives isolées ayant eu pour but d'apporter des modifications à ces principes, par imitation d'autres Coutumes provinciales.

www.ingramcontent.com/pod-product-compliance
Lightning Source LLC
Chambersburg PA
CBHW070524200326
41519CB00013B/2921